知的生きかた文庫

JN080445

崖っぷちのあなたを救ってくれるお坊さんの話

篠原鋭一

三笠書房

はじめに

一日に少なくとも三本の悲痛な電話を受けています。
昨日も今日も……。そして明日も電話が鳴るにちがいありません。
電話の向こうから聞こえてくるのは、表現こそちがいますが、同じような訴えです。

「なんでこんなに辛い目にあうのか」
「もうこれ以上、がんばれない」
「何もかもがイヤになった」
「もう生きていてもしかたない」

それらの内容を突き詰めると、人間関係や経済的困窮、あるいは病気や老いることを苦にした悩みがほとんどです。

これはいまにはじまったことではありません。

たとえば、仏教では「人生には八つの苦しみがある」と説いています。「生老病死《しょうろうびょうし》」の四つに、「愛別離苦《あいべつりく》」——愛する人と別れなければならない苦しみ、「怨憎会苦《おんぞうえく》」——イヤな相手と会わなければならない苦しみ、「求不得苦《ぐふとっく》」——欲しいものが得られない苦しみ、「五蘊盛苦《ごうんじょうく》」——肉体と精神が生み出す苦しみの四つを加えた、いわゆる四苦八苦です。

こうした苦は、すべての人が背負う苦であり、老若男女を問うこともありません。

しかし、私はここ最近、相談者の年齢層に変化が生じていることを実感しています。以前に比べて、若年層からの切羽詰まった相談が増えているのです。

たとえば、二〇代の若者の中に「いまの時代は生きにくい」と感じている人が確実に増えているように感じます。

その背景には、間違いなく、人間関係の希薄化や貧富の差の拡大などがあります。

もともと日本では、核家族化が進むにつれて地域社会が崩壊し、人々の孤立化が大きな問題として指摘されていました。高齢者の孤独死問題などがその典型でした。

そこに起きたのが、新型コロナウイルスの大流行です。

コロナ禍が長引く中で、人の往来は厳しく制限され、コミュニケーションもオンラインになり、その結果、否応なく他者との関係が希薄化し、高齢者ばかりではなく、全世代において一気に孤立化が進んでしまいました。

また、いわゆるグローバルスタンダードが浸透するにつれ、貧富の差の拡大が世界的な問題となっていましたが、これもコロナ禍が拍車をかけた感があります。日本でも急速にその差が広がっています。

その結果、生活苦に陥り、家庭が崩壊するケースも増えています。

そして、その犠牲になっているのが子どもたちです。

「学校に行くのも、何もかもイヤになった。死にたいけど、電車に飛び込むのはイヤなんです。たくさんの人に迷惑かけるから……。海なら見つかることないですよね。絶対に死ねる断崖絶壁はどこですか？」

そんな電話をかけてくる子もいます。

ほんとうに死にたいのかどうかはさておき、誰かに自分の苦しみを聞いてほしいのです。必死で救いを求めているのです。

私は、そんな苦悩を抱えた人たちの相談にのり、いつしか多くの人から「自死志願者の駆け込み寺」と呼ばれるようになった、千葉県成田市の山里の中にあるお寺、長寿院の住職を務めています。

死にたくなるほどの苦しみを抱え、まさに崖っぷちに立っている人たちに「決して早まってはいけないこと」「どんな苦悩も乗り越えるための糸口があること」「あなたは決してひとりじゃないこと」などを伝えています。

本書では、そのエピソードの一部を、これまで発表したものを再構成した話を含めて三六話、収録しています。読者のみなさんの「人生の突破口」「生きるヒント」になるのであれば、これほどうれしいことはありません。

合　掌

長寿院住職　篠原鋭一

目次

はじめに　3

第1章　すべてのものごとは移り変わる

第一話　S爺のみごとな生涯　17
——人生は、何歳からでも輝かせることができる

第二話　閑職に回された中年男の悲哀　23
——「窮屈に考えるのはよしな」という古老の教え

第三話　コロナ禍に響いた悲痛な叫び　28
——いまどんなに苦しくても出口は必ずある

第四話　成田線で出会った〝兄地蔵さま〟　33

第五話　かかってこない息子からの電話　39
――幸せは長続きしない、不幸も長続きしない

第六話　病院のベッドの上で見出した希望　43
――みんな悲しみを抱え、それでも生きている
――「生きてりゃいいんだぞ！」

第七話　苦しいリハビリを支えてくれたもの　49
――いつかはきっと良くなる

第八話　まさか自分が詐欺にあうなんて……　52
――「騙されたほうが悪い」なんてありえない

第九話　「母を逝かせて、私も逝きたい」　59
――苦しいなら「話を聞いて」と声をあげよう

第一〇話　孫娘を救ったおばあさんの愛　65
――人生は〝各駅停車〟で行けばいい

第2章 「今日一日」を精いっぱい生きる

第一一話 暴力団に追われた若者がたどり着いた場所
——「いま」の生き方しだいで「過去」も変えられる 75
第一二話 修行者となった元暴走族リーダー
——「自分なりの生き方」を見つけて精いっぱい生きる 83
第一三話 刑務所を出所したある男の覚悟
——「生きて罪を償い続ける」ということ 90
第一四話 両親の離婚ではじまった人生の暗転
——生きる、いえ生きさせるのです 97
第一五話 いまだ癒えない東日本大震災の傷跡
——いま自分ができることに全力を傾ける 105
第一六話 いま、死ぬのも大変な時代 112

第一七話　あるひとりのホームレスの死
――「終活」の前にやるべき二つのこと　116

第一八話　「あんた、それでも坊さんか？」
――よい死に方をしたいなら、よい生き方をするしかない　122

第3章　あなたは決してひとりじゃない

第一九話　隣のおばちゃんは、もうひとりのお母さん
――「恩人」が人生を幸せに導いてくれる　129

第二〇話　バッテリーで乗り越えた不登校
――無理せず、ゆっくり、少しずつ立ち直ろう　134

第二一話 受験失敗の挫折から生まれた友情物語
――たった一つの失敗で人生を決めつけない 141
第二二話 深夜の特急電車で出会った〝子守地蔵〟
――世の中には、心ない人もいれば、心ある人もいる 146
第二三話 最悪の事態を防いだ姉の一言
――「力を合わせれば、人生はなんとかなる」 153
第二四話 いじめられていた過去と決別した日
――どんなに辛くても忘れてはならない一つのこと 160
第二五話 シングルマザーたちを襲う貧困
――いまの社会をつくったのは「みんなの責任」です 165
第二六話 「死に場所を決めた」という四国からの電話
――仏さまは、常にあなたのそばにいる 173
第二七話 〝福田〟をひとりで耕し続けた人
――孤独は心が勝手につくるもの 179

第4章 「原因探し」はもうやめましょう

第二八話 〝苦悩の連鎖〟の断ち切り方
——あなたの人生は、あなたがいうほど不幸じゃない 189

第二九話 「再就職が全然決まらないんです……」
——人生を生き抜くために必要な三つのチカラ 196

第三〇話 リストラで失った〝生きている証〟
——仕事以外の大事な人たちを忘れていませんか? 201

第三一話 亡き娘から届いた手紙
——「残された人」たちに伝えたいこと 206

第三二話 逝ってしまった同級生からのビデオレター
——人生は〝生ききった〟かどうかで決まる 212

第三三話 同性愛者の苦悩
——世の中には「他人にはわかってもらえない」ことがある 217
第三四話 無着成恭老師との約束
——「地獄で会いましょう！」 222
第三五話 永六輔さんに教えられたこと
——「人間の死は、二度あるんだよ」 228
第三六話 崖っぷちにいる人へ
——明るい道も、暗い道も、ともに歩もう 232

編集協力／有限会社 ザ・ライトスタッフオフィス
章扉イラスト／古谷充子
本文ＤＴＰ／株式会社 Ｓｕｎ Ｆｕｅｒｚａ

第1章

すべてのものごとは移り変わる

まったく出口の見えないトンネルの中を歩いているような気分……。

でも、同じ状態が続くことはありません。

あらゆるものごとは移り変わっていきます。

幸せなことは長続きしませんが、不幸なことも長続きしないのです。

ですから、幸せなときには、幸せを思いきりかみしめればよいのです。

不幸なときにはものごとが移ろいゆくのをあせらずに待っていればよいのです。

いまは幸せなときが来るまでの準備期間です。

人生は各駅停車で行けばいい。トンネルから抜け出せるときが必ずやってきます。

第一話

人生は、何歳からでも輝かせることができる

S爺のみごとな生涯

生涯を終えたSさんの柩《ひつぎ》が、幾人もの男性の手に支えられて霊柩車に向かいます。柩を納めると、霊柩車がひとしきりクラクションを鳴らして動きはじめました。

そのときのことです。駐車場を埋め尽くしていた、たくさんのタクシーが、いっせいにクラクションを鳴らしはじめました。それに合わせて男たちのひときわ大きな声が霊柩車に向かって投げかけられました。

「S爺、ありがとう！」

「S爺、ゆっくり眠ってくれよ！」

「S爺のことは忘れねえよ！」

「S爺の教えは守るよ！」

その声は霊柩車が見えなくなるまで続きました。

参列していた女性のひとりが、近くで声をあげていた男性に問いかけました。

「これはいったいどういうことなんですか？」

目に涙を浮かべた男性が答えます。

「オレたちのタクシー会社のドライバーを育ててくれた大恩人との別れを惜しんでいるんです。みんな、Sさんにお世話になった、うちのドライバーたちです」


じつは、Sさんは〝紳士服の神さま〟と呼ばれた過去を持っていました。郊外に紳士服を安価で販売する大型店を開店したのを皮切りに、チェーン化にも成功した経営者だったのです。

しかし、そんなSさんの会社は、いまでも業界で語り継がれている大きな詐欺事件に巻き込まれて倒産。Sさんは無一文になってしまいました。

それればかりではありません。奥さんが失意に耐えきれず、自ら命を絶ってしまいました。苦楽をともにしてきた奥さんの死は、Sさんにとって耐えがたいほど辛いことだったにちがいありません。

また、夫婦の間に子どももいなかったので、Sさんは社会の中で孤立することとなってしまいました。紳士服の神さまと呼ばれ、多くの人から信頼されていた立場から、あっという間に転げ落ちてしまったのです。

ふつうなら、人生を投げ出したくなるところでしょう。

でも、Sさんは、前を向いて生きようとしました。

そんなSさんが、生きるために選んだのがタクシードライバーの道です。Sさんが新人タクシードライバーになったのは、六〇歳のときのことでした。

私は生前にSさんが語っていたことがいまでも忘れられません。

「最初はドライバー仲間からバカにされましたねぇ。歳は取ってるし、業界のこともまったく知らないのですから、それも当然だったでしょう。でも、あることを続けているうちに、みんなが私のことを認めてくれるようになったんです」

あることとは何か――？　風呂とトイレの掃除でした。

「私がタクシー会社に入社して驚いたのは、業務を終えたドライバーが入浴する共同風呂の汚さでした。それ以上にひどかったのはトイレです。汚物がそのまま残されていることもたびたびでした。

それを見て、〝こりゃあいかん〟と思いましたよ。そこで私は、毎日車を降りたあと、風呂とトイレをせっせと磨くことにしたんです。

最初は、みんな〝なんだ、こいつ〟という顔で見ていました。でも、やっぱりきれいなほうが気持ちいいに決まってる。それを続けているうちに、だんだんと、私のことをS爺、S爺と呼んで慕ってくれるようになりました」

Sさんは、七五歳まで一五年間、タクシードライバーとして働きました。

「一五年間で乗せたお客は四〇万〜五〇万人ってところかな。ほんとうはいけないことだけど、〝父親の臨終に間に合わない〟と泣き叫ぶ女性を乗せてイエーロパス（黄色信号突破）で間に合わせたことがあったなぁ。

それからひとり暮らしの老人の送迎や、日用品の買い物、病院通いの送迎もやったやった……。女房に死なれてさびしかったけれど、他人さまに頼られて、報酬までいただいて、ありがたい人生ですよ」

そう語るSさんの晴れ晴れとした顔を、私はいまでも思い出します。私にはSさんの顔が仏さまの顔に見えました。

Sさんは、七五歳の誕生日を機に会社に退職を願い出ました。しかし、会社からドライバーの教育係として残ってくれるように頼まれました。会社にとっても欠くことのできない存在となっていたのです。

そして九年間の月日が流れます。Sさんは元気に会社に通っていました。

ところがある日、いつもの時間になってもSさんが出勤してきませんでした。心配した社員がSさんのアパートを訪ねました。そして、ベッドで息を引き取っているSさんを発見したのです。

享年八四。とても安らかな死に顔だったといいます。Sさんは、その人生を堂々と生き抜いたのです。


Sさんが磨き続けた風呂とトイレは、いまでは改修されて当時の面影はありません。でも仕事を終えたドライバーたちは、いまでもSさんのことを語り継ぎ、掃除当番を忘れてはいないそうです。

Sさんは〝ひとり〟で逝きました。でもいったん陥った〝孤立〟の状態からみごとに立ち直り、一生をまっとうしました。

Sさんが、このようにみごとに生き抜くことができたのは〝自ら動いたこと〟にこそ、その秘訣があったと思います。そして自分が動けばまわりが動き出します。新しい風景が見え、新しい出会いがはじまります。

Sさんは、まさにそれを実践したのです。

第二話

閑職に回された中年男の悲哀

「窮屈に考えるのはよしな」という古老の教え

助崎須賀《すけさきすが》神社の夏祭りが近づいていたある日、米寿を迎えた古老の職人が長寿院にやってきました。

神社の境内《けいだい》に大きな幟《のぼり》を四本建てる作業を無事に終えて、あとのことは若い衆にまかせてきた、といいます。

「最近の若いやつらは軟弱だ。オレたちの若いころは、幟の四本なんぞ、あっという間に立てちまったもんだがなぁ」

とブツブツつぶやく古老に、私が、用意したお酒をすすめようとしたとき、玄関で中年男性の声がしました。

「こんばんは。申し訳ありませんが、ちょっと話を聞いていただきたくて……」

すると古老がすかさず「おぉ、こっちに上がんな！」と中年男性をまるで我が家のように招き入れ、三人の小さな酒宴がはじまりました。

中年男性は、古老が酒をすすめると、杯を手にして話しはじめました。

なんでも、ある最大手メーカーの企画プロジェクトの一員だったのですが、五〇歳になり、異動で閑職に回されたとのこと。それればかりか、後輩が自分を飛び越して上のポストに就くことになったのだそうです。

「二五年間も会社に尽くしてきたのに、納得できないし、悔しくてたまらない。次に待っているのはリストラです。もう自分の存在はどこにあるのかわからなくなりました。私はもうダメだ……」

彼は、そう話しながら「死んでしまいたい」と涙ながらに繰り返します。しばらく黙って聞いていた古老がおもむろに口を開きました。

「エリートさんよ。ずいぶん窮屈な人生を送っているんだねぇ。あんた、人生を会社にかけちまったのかい？　それじゃあ、〝就職〟じゃなくて〝就社〟だよ」

戸惑った顔をする中年男性に、古老はさらに言葉を続けます。

「つまりさ、あんた、職じゃなく会社を選択したんだろ。それなら泣き言なんていわず、定年まで働きゃいいだろう？　どんな仕事か知らねぇけど、閑職だろうとなんだろうと、やりゃあいいんだよ。後輩に抜かれて悔しいって？　いいじゃねぇか。おめでとうっていってやればさ。それぐらい広い心を持てなくてどうする。さあ、グイッと飲め！」

そんな古老の言葉に納得できないのか、中年男性は、

「でも、リストラになったらどうするんですか？」

と問いかけますが、古老はきっぱりといい返します。

「リストラだか軽トラだか知らねぇけど、そんなもんな、乗ってた船から降ろされた

んなら、別の船に乗り換えりゃあいいじゃねぇか。その気になりゃあ、乗り換える船なんて、大きい船から小さい船までいくらでもあらぁ。オレは八八歳だぞ。今日まで数えきれんほどの船に乗り換え乗り換えやってきたぞ。さあ、もっと飲め！」

やがて中年男性は、私に、

「住職さん、休暇を取りますから、しばらく寺で修行させていただけませんか」

といいはじめました。

そこにふたたび、古老の声！

「修行だと？　修行のまねごとしてどうするんだ。修行するんだったら、いますぐ頭を剃っちまえ！　どうだ、できるのかい？」

もう、誰が住職かわからない中、中年男性はうつむいて考え込んでいます。そんな中年男性に古老のダメ押しの声が飛びました。

「ほら見ろ！　できねぇだろう。あんたが修行する場所はこの寺じゃねぇ。あんたの職場が修行する道場なんだ。閑職だろうが、どんな仕事だろうが、自分の仕事はこれだと思って一途にやりゃあいい。あんまり窮屈に考えねぇでさ、グイッと飲みなよ！

今夜はお寺に泊まっていけばいいさ」

……気の早いコオロギが鳴く中、神社からは祭囃子《まつりばやし》の音が聞こえてきました。


後日、古老のもとに中年男性から手紙が届きました。その手紙にはこう書かれていたそうです。

「大きな思いちがいをしていました。私の修行道場は足元にありました。お話しいただいたことを忘れずにがんばっていきます」

と。


いろんなところに、すぐそばに、あなたを導いてくれる人がいるものです。

第三話 コロナ禍に響いた悲痛な叫び

いまどんなに苦しくても出口は必ずある

新型コロナウイルスの大流行で、私たちの生活は大きく変わってしまいました。感染して大変な思いをする人もたくさんいるし、大切な人を亡くして塗炭《とたん》の苦しみを味わう人もいます。また経済的に立ちゆかなくなり、精神的に追い詰められる人も急増しました。

ある日、小学三年生、中学一年生の男の子を育てているシングルマザーから電話がかかってきました。

「住職さん、私、もう子どもを守ることができません。子どもを守れない母親なんて、死んだほうがいいんですよね？」

いったいどうしたというのでしょうか……。じっと耳を傾ける私に、彼女は切羽詰まった声で続けました。

「住職さん、死ぬ前に、子どもたちにお腹いっぱいラーメンと餃子を食べさせたいんです。私の子たちは、ラーメンと餃子が大好きなんです……。お金をお借りできませんか？」

聞くと、彼女は、成田空港を飛び立つ国際線の機内食づくりのパートをしていたそうです。しかし、新型コロナの流行で国際便が激減して会社は倒産、収入の道を失ってしまったのだといいます。

しばらくは、貯金を取り崩して生活していましたが、それもすぐに底をつきました。さらに悪いことに、子どもたちの学校がコロナ禍で休校となり、子どもたちは給食を食べられなくなってしまいました。

彼女は、自分は一日一食にし、子どもたちには一日二食で我慢させていましたが、自分ばかりではなく、子どもたちがどんどんやせていきます。それを見た彼女は生きる希望をなくし、「親子で最後の食事をさせてほしい」と訴えてきたのです。

そんな彼女に、私はこう答えました。

「いつでも長寿院においでなさい。いっしょにおいしいラーメンと餃子を食べに行きましょうよ。そして、ひとりで苦しみを抱え込まないで、どうすればいいのか、いっしょに考えましょうよ」

と。

そのシングルマザーが、長寿院に来ることはありませんでした。きっと、電話を通してではありますが、私に心の苦しさを吐き出したことで、少しは心がラクになり、前向きにがんばる余裕ができたのだと信じています。

またある日、小学一年の女の子と小学三年の男の子を持つシングルマザーから電話がありました。

「夫のDVが原因で離婚して、スーパーのパートに出たものの、新型コロナウイルスの患者が出て閉店し、職を失った」と、彼女は話しはじめました。

離婚した夫からの養育費がまったく期待できないまま、家賃ばかりか、水道代や電気代も払えなくなったといいます。そして、彼女は声を振り絞って、心の苦しさを訴えました。

「そんな生活が続くうちに、私はお酒に逃げたのです。お酒を飲んでは子どもたちに当たり散らし、下の子が泣くのが頭にきて、顔をぶったりするようになりました。そのたび、上の子は下の子におおいかぶさって守ろうとします。それを見るたびにお酒をやめなきゃと思ってもお酒をやめられません。やめなきゃダメだとわかっているのにやめられないのです」

明らかに虐待でした。でも私は〝救い〟があると思いました。それは、彼女自身、「やめなきゃダメだ」と気づいていたからです。

私は彼女に呼びかけました。

「いつでも長寿院においでなさい。いっしょに考えましょう。どんな苦しいときでも出口はある。いや、もう出口は用意されているんです。よく見つめてごらんなさい」

それからしばらくして、彼女から電話が来ました。

「住職さん、ありがとうございます。私、生き方を変えました」

聞くと、ある日、二人の子が目にいっぱい涙をためて、訴えてきたのだそうです。

「ママ、もうお酒飲まないで！　お願いだからもうやめて！　お酒を飲んでボクたちを叱るママ、大嫌いだ‼」

そんな二人を見て、彼女は大泣きして、二人を抱きしめて謝ったといいます。

「その日から私は変わりました。苦しくても家族で生ききってみせます。今度、子どもたちと長寿院に参ります……」

彼女にとって、二人の子は仏さまだったのです。

第四話

成田線で出会った〝兄地蔵さま〟

幸せは長続きしない、不幸も長続きしない

私が住職を務める長寿院から一番近い駅は、ＪＲ成田線の滑河《なめがわ》駅です。

成田線は、成田から佐原を通り、終着は銚子駅という路線ですが、銚子駅まで走る電車は一日数本。それもたびたび快速電車に追い越されます。

先日、私は銚子市にあるお寺のご住職に会うために、その超鈍行電車に乗り込みました。コロナ禍で乗客はまばら。開け放った窓から初夏の涼しい風が入ってきます。

席を決めかねていると、寄り添って座っている幼い兄妹の姿が目にとまり、私は通路を挟んだ席に座りました。

小さなリュックを背負った二人はしっかり手をつなぎ、無言で流れゆく車窓の風景を見つめています。

私の〝おせっかいの虫〟が目を覚まして、つい声をかけてしまいました。

「どこまで行くの？」

お兄ちゃんが答えます。

「銚子です。おばあちゃんのところに」

妹も続けます。

「おばあちゃんがね。駅で待っててくれるの」

「そうか、おばあちゃんの家に遊びに行くんだ。そりゃあ、うれしいね！」

ところが、そんな私の言葉に対して、お兄ちゃんから思わぬ言葉が返ってきました。

「うれしくなんかないよ！　どうせ、すぐにほかのおうちに移るんだから!!」

私は、彼がいったことがよく理解できませんでしたし、「うれしくなんかないよ！」

という一言が気にかかりました。

しばらくして、私は、頭陀袋《ずだぶくろ》の中から、手土産として用意していた成田名物のひと口ようかん（「米屋」のようかん）の箱を取り出して、二人に話しかけました。

「これ、おじさんが住んでいる成田の名物だよ。おいしいよ。どうぞ！」

「ありがとう」といいながら、うれしそうに手を伸ばしたのは妹でした。

でもお兄ちゃんが厳しい声で止めました。

「やめろよ。知らない人からモノをもらうんじゃない！」

叱られた妹の目に、みるみる涙があふれます。

私は驚きながらも、もう一度すすめました。

「そうだね。知らない人からモノをもらうのは不安だよね。でも、このおじさんにも君たちと同じぐらいの孫がいるから、つい食べてほしいと思ったんだ。さあ、ひとつ、どうぞ！」

お兄ちゃんは、まっすぐ私を見つめ、少し間をおいていいました。

「ありがとうございます。妹の分と二個、いただきます……あ、もう一個いいですか。おばあちゃんへのおみやげに。きっと喜んでくれると思いますから」

「もちろん！」と私が三個、ようかんをお兄ちゃんに渡すと、お兄ちゃんはひとつを妹に渡します。妹は受け取ったようかんをおいしそうに食べはじめました。でも、お兄ちゃんは両手で包むように持ったまま口をつけません。

私が「どうぞ、たくさんあるから」というと、お兄ちゃんはいいました。

「ボクはおばあちゃんといっしょに食べます。そのほうが一〇〇倍おいしくなるから」

なんて健気なんだろう……。私は思わず、残っているようかんを全部紙袋に入れて、お兄ちゃんのリュックに押し込みました。

お兄ちゃんは遠慮します。私はその声をさえぎっていいました。

「おみやげ、多いほうがいいだろう？　おいしさが一〇〇〇倍になるよ！」

それから銚子駅までの三〇分、お兄ちゃんはポツリポツリと自分たちの身の上を話してくれました。

お兄ちゃんは小学五年生、妹は幼稚園児。両親と暮らしていましたが、ある日、両親が帰ってこなくなったのだといいます。

「ボクたちは、ママのお姉さんと、ママの妹、そして今度はおばあちゃんのところに順番に預けられることになって、今日からはおばあちゃんの家でしばらく暮らすことになったんです。学校と幼稚園は休むことになりました」

私はいいようのない悲しみに、胸が張り裂けそうになりました。じつは私自身も幼くして親元を離れて暮らさなければならない境遇だったからです。


やがて電車は銚子駅に着きました。潮の香がただよう中、二人は手をしっかりとつないで改札へと向かいます。

私がそのあとを追うように改札まで近づくと、二人の元気な声が聞こえてきました。

「おばあちゃん、来たよ！」

それに応えるおばあちゃんの声も私に届きました。

「ああ、待ってたよ！」

おばあちゃんに手を引かれて駅前大通りを歩いていく三人の姿が、私の目の中でぼやけました。

詳しいことはわかりません。両親は何か事情があって、一時的に子どもたちと別れて暮らすことを選択せざるを得なかったのかもしれません。あるいはいつか家族みんなでいっしょに暮らすために、両親はどこかで懸命にがんばっているのかもしれません。

いずれにしても、きっと彼は妹のことを守り続けていくことでしょう。私の目には、妹の手をしっかり握っているお兄ちゃんは、まるで〝兄地蔵さま〟に見えました。

何が起こるかわからない昨今です。

でも、決して人生をあきらめてはいけません。

幸せなことは長続きしませんが、不幸なことも決して長続きしないのです。

第五話

かかってこない息子からの電話

みんな悲しみを抱え、それでも生きている

ある日、岩手県の七七歳になるという女性から電話がありました。

開口いちばん、彼女は、こういいます。

「長寿院さんを紹介した新聞記事の切り抜きを、ずいぶん前から後生大事に取っていて、いつか電話しようと思っていたんですよ」

聞けば、ご主人が亡くなったのはずいぶん前のこと。三人の息子たちはそれぞれ家庭をもって独立しているのですが、もう五年間も誰ひとり会いに来てくれないという

話でした。

「電話をしても、息子の嫁が出てきて〝電話をさせます〟というばかりで、電話がかかってきたためしがない。手紙を出しても返事もないんですよ」

彼女はそう訴え、ため息をつきながら言葉を続けます。

「私は捨てられたんですよ。もう自分はここにいる意味がありません。死に方を教えてください」


七七歳といえば、めでたい喜寿の歳……それなのに誰も祝いに来てくれないという彼女の深い孤独が電話の向こうからひしひしと伝わってきました。そんな彼女に私は、こう告げました。

「死ぬお手伝いはできませんが、あなたが生きていきたいとおっしゃるなら、その方法をいっしょに考えましょう。幸い、再来週、東北に行きますので、伺いましょう」

その約束の日、私は仙台で行なわれたシンポジウムに参加したあと、岩手県の彼女の自宅まで足を延ばしました。彼女の家は広い一軒家でしたが、夫が亡くなったとき、息子たちに財産分与して以来、誰も来なくなったといいます。

また、息子のひとりから電話が一回だけありましたが、その電話の内容は、「いま、お母さんが住んでいる家は最終的に誰に譲るんだ。場合によっては裁判を起こすことになるから」というものだったそうです。


「それが息子の言葉かと思うと、ほんとうに悲しくて……。もう死んでしまいたい」

涙ながらに訴える彼女の話は四時間ほども続いたでしょうか。語り疲れてひと息ついた彼女に私はいいました。

「私は歳を取っていますが、あなたの息子がひとり増えたと思ってください。とにかく、自ら命を絶つのだけはやめてください。これからはひとりだと思わないで、いつでも電話をくださいね」

彼女は、泣きはらした目を私に向け、「はい、お願いします」とうなずきました。

そして、帰ろうとする私に、「住職さん、帰りの新幹線の中で読んでください」と一枚の紙を差し出しました。その紙には、自作の短歌が書きつけてありました。

来るはずのない息子とは知りつつも　車の音にベランダに駆け
命なる息子との仲引き裂かれ　喜寿も悲しいひとりいて泣く
いつ果てるとてなきし断絶を　見守ってよと声を限りに

短歌は街のカルチャーセンターで学んだそうですが、彼女の短歌を読んで、私は涙が止まりませんでした。

その後、彼女から「もう、息子たちと連絡を取るのはあきらめました」という電話がありました。私は、それを悲しい気持ちで聞くしかありませんでした。きっと彼女は、苦しみを断ち切るために、息子たちへの愛着さえ捨てようとしているのでしょう。

そんな悲しい思いをしているのは彼女ひとりではありません。日本全国に同じような痛み、哀しみ、苦しみを抱えた人が大勢います。現在の日本には、まさに孤立社会、無縁社会が広がっているのです。

そんな中、私は彼女からの次の電話を待ち続けています。新しい息子として。

第六話

病院のベッドの上で見出した希望

「生きてりゃいいんだぞ！」

私も過去に一度、自ら命を絶つことを考えたことがあります。それは、昭和六一（一九八六）年、私が四二歳になったときのことでした。

そのころ、私はカンボジアやタイの難民キャンプなどで、国際ボランティアとして活動していたのですが、帰国中の東京で、突然、激しい頭痛に襲われたのです。それまで体験したこともない激しい痛みでした。

私はすぐに帝京大学病院に救急搬送され、入院することになりました。診断の結果、くも膜下出血であることがわかり、すぐに手術が行なわれました。

いまでこそ、くも膜下出血も早期に治療することにより治癒率が著しく向上していますが、当時はまだまだ致命的な病気とされていました。周囲の人はもうダメだとなかばあきらめていたのではないでしょうか。

手術は一〇時間以上かかりましたが、私は幸いなことに命だけは取り留めました。ただし、重い後遺症が残りました。体は動かないし、言葉もうまく出てきません。どんなに一生懸命に話そうとしても、私の口からもれるのは言葉にならないうめき声で、相手にほとんど伝わりませんでした。

そのとき真っ先に浮かんできたのは、死に対する大きな恐怖でした。

いまにして思えば、死に恐怖するというのは、裏を返せば「生きたい」と思う気持ちの表れです。

どんなときでも生きようとするのは、この世に生を受けた人間の本能ともいえるものであり、死を恐れる気持ちは誰もが持つ自然な感情なのです。

でもすぐに、それを上回る絶望感が襲ってきました。食事をしても味がしないし、手も震えて何もできません。ベッドの上で自分の顔を鏡に映したときには愕然としました。額の右には手術の痕が大きく残っていましたし、顔面は醜くゆがんでいました。まったく想像もしていなかった自分がそこにいたのです。

担当の先生から、

「左側も出血する可能性があるから、一刻も早く再手術したほうがいい」

といわれました。

私は尋ねました。

「成功する確率は、いったいどれぐらいあるんですか？」

すると先生は、「うーん、神経を触るからね」といいながら、

「生存率は三分の一で死ぬ確率のほうが高く、仮に命が助かっても後遺症が残る可能性が高い」

と、包み隠さず正直に答えてくれました。

いまにして思えば、先生としては、患者本人から成功率を問われ、嘘をつくことができなかったのでしょう。また、「せっかく一命を取り留めたものの、再手術しなければ、ふたたびくも膜下出血を起こす可能性は極めて高い。そうなるともう命を救えない」という判断だったのだと思います。

しかし私は、すぐには「手術してください」とはいえませんでした。躊躇したのです。

そして、「こんな体ではもう何もできない。これ以上生きていても人に迷惑をかけるばかりだ。このままひとりで人生を終えるしかない……」と、そんな思いだけが頭の中をよぎっていたのです。

悶々とする日が数日続いたあと、私は夜になるのを待って病院の屋上へと向かいました。屋上から身を投げて、自分の人生に終止符を打つつもりでした。

屋上に上がった私は、ふらふらとフェンスに近づいてよじのぼろうとしました。でも、ちょうどそのとき、屋上で洗濯物を干していた人が私に気づきました。そして、

「何をするんだ！」

と大きな声をあげてくれたのです。

その声で私はふと、われに返りました。もし、あの声がなければ、私はそのまま屋上から飛び降りていたかもしれません。

そうして一度はなんとか思いとどまった私でしたが、それでも、私の脳裏から自死願望が消えることはありませんでした。夜になると、気がつくと屋上へ足が向かいそうになるのです。

絶望感と孤独感にさいなまれる苦しみの中、自死への誘惑はそれほど甘美なものだったのです。

そんな私を変える出来事が起きました。

私がくも膜下出血で倒れたことを知った僧侶の仲間たちが、青森県の弘前市からや

ってきてくれたのです。その中でも私が特に慕っていた先輩僧侶は病室に姿を見せるなり、私の耳元で「篠原、おまえな」といい、次のように言葉を続けました。

「心配するなよ。どんなになってもおまえのことは引き受けるからな。お金のことなんか心配するんじゃない。仕事のことも心配するんじゃない」

そして、
と――。

「生きてりゃいいんだぞ！」

先輩の後ろには、顔見知りの仲間たちの姿もありました。私は、その言葉がうれしくてうれしくて、あふれ出る涙を抑えることができませんでした。

「あぁ、自分はひとりじゃないんだ。こんな心温かい仲間がいる。死んじゃいけない。たとえ成功率が三分の一でもいい。手術を受ける！　生きてゆこう！」

心の底から、そう思えたのです。

第七話

苦しいリハビリを支えてくれたもの

いつかはきっと良くなる

前項に続きますが、仲間たちに支えられて臨んだ手術は無事に成功しました。そして手術後、懸命のリハビリがはじまりました。

退院後、言葉を取り戻すために必死で本を朗読したりもしましたし、仲間の仕事を手伝ったりしながら、体を少しずつ慣らしていきました。リハビリはラクではありませんでした。正直にいうと、挫折しそうになったこともありましたが、少しずつ効果が出はじめました。

昭和六三（一九八八）年には、縁あって長寿院の住職になりました。当時、無人寺となっていた長寿院はすっかり荒れ果てていましたが、私は寺の庭に四季折々の花を植え、少しずつ再建していきました。

最初のうちは、まだまだ後遺症が残っていて、自由に体が動かせる状態ではありませんでしたが、長寿院を「人々が生きていくために役立つ場所にしたい」という思いが私を支えてくれました。

また、そんな中で多くの人からの相談を受けるようになりました。その中には死を願うまでに追い詰められている人も少なくありませんでした。私にとって、そんな人たちの心の重荷を少しでも軽くしてあげることが使命だと感じました。

そうした時間もまた、私にとっては貴重なリハビリの時間になったように思います。そして三年以上にも及ぶリハビリ生活を経て、私はなんの支障もなく日常生活を送れるようになりました。

それにしても思います。

あのとき、「何をするんだ！」と飛び降りようとする私を止めてくれる人がいなかったらどうなっていたか、と。そしてまた、「生きているだけでいい！」といってくれる仲間がいなかったらどうなっていたか、と。まちがいなく私はいま、ここにはいなかったでしょう。

だから私は、長寿院へ相談においでくださる人たちに向かって、いつもこう話しかけるのです。

すべては移ろい、変化します。

いま、あなたは耐えられないほど辛いと思っているでしょう。

私も死にたいくらい辛いと思ったことがありました。

でも見てごらんなさい。

こうして変化した私がいるじゃないですか。

あなたも必ず変われるんですよ。

第八話

まさか自分が詐欺にあうなんて……
「騙されたほうが悪い」なんてありえない

近畿地方に住む女性から電話がかかってきました。きっと新聞か何かで、長寿院が「自死志願者の駆け込み寺」と報じられたのを読んだのでしょう。

三〇代だというその女性は、電話に出た私に、思い詰めた口調で、

「夫のあとを追います」

と何度も何度も繰り返します。

私はしばらく黙って、その言葉を聞き、彼女の口調が少し落ち着いたところで、そ

っと問いかけました。

「何があったんですか？」

その私の問いかけに、彼女は、「夫だと騙《かた》る振り込め詐欺で二五〇万円も騙し取られたんです」と話しはじめました。


ことのはじまりは、一本の電話だったといいます。

「オレだ。会社の金を落としてしまった。このままでは会社をクビになる。すぐ入金しなければならない。なんとか工面してくれ！」

彼女はその電話が夫からのものだと信じ込んでしまいました。そしてすぐさま実家に行き、両親に無理をいって現金を工面してもらうと、なんの疑いもなく指定された口座に現金を振り込んでしまいました。

しかし、それは振り込め詐欺だったのです。

そのあと、すぐに夫と連絡がついて、お金を騙し取られたことが判明しました。警

察にも連絡しましたが、

「犯人を特定するまでに時間がかかる。またお金が返ってくる可能性はまずない」

といわれてしまいました。それればかりではありません。両親から、

「なぜ騙された！　おまえが悪い。だいたい、気持ちがゆるんでいるから、そんな見えすいた詐欺に引っかかるんだ！」

と激しくなじられたのです。

彼女に反論する余地などありませんでした。両親が工面してくれた二五〇万円は、老後のために両親がせっせと貯めていたお金でした。

その大切なお金を騙し取られたのですから両親が憤ったのも当然だと思い、彼女はそれこそいたたまれない気持ちになったといいます。

また、夫に対しても申し訳ない気持ちが先に立ち、会話もギクシャクしたものになってしまいました。

いっぽう夫も、両親から責められる妻の姿を見て苦しんでいました。すぐにでもお

金を返したいところですが、とてもそんな余裕はありません。そして、「お義父さん、お義母さんにとっても大金だったのに、申し訳ないことをしてしまった。もとはといえば、なりすまされた自分も悪い」と日に日に思い詰め、ついには部屋に閉じこもるようになってしまいました。

そんな夫にどう向き合えばいいのか……彼女は途方に暮れていました。もとはといえば、自分が騙されたのが原因です。心の中で「申し訳ない、申し訳ない」と繰り返すばかりだったといいます。

そんな重苦しい日々が続き、一か月ほどすると、夫はうつ病と診断されてしまいました。そして大きな悲劇が起こります。ある日突然、夫が自死してしまったのです。

彼女が激しい自責の念に襲われたことはいうまでもありません。

「私が夫を死なせてしまった」

振り払っても振り払っても、そんな思いが湧いてきて、「もう死ぬしかない」という気持ちが強くなっていったといいます。

彼女はそんなぎりぎりの状態で、長寿院に電話をかけてきたのです。そして電話の向こうで、なおも繰り返します。

「中学生の息子を両親に預けて、私は夫のあとを追います」

と。

私は彼女に、静かに話しかけました。

「あなたと同じ苦しみをご両親と息子さんに与えるのですか?」

電話の向こうからは返事がありません。

私はさらに問いかけました。

「あなたが命を絶っても、ご両親にお金が返ってくるわけではありません。なにより、あなたが自死することで息子さんが受けるショックがどれほどのものか、あなたは想像できるはずです。そんな苦悩を、未来のある息子さんに背負わせていいんですか。

いまは、まわりの誰にも頼れないと孤独の淵に立っているかもしれません。でも、あなたは決してひとりではない。私でよければ、いつでも、何度でも、電話してくれていいんですよ」

やがて、静かに電話は切れました。そしてその後、その女性から電話がかかってくることはありませんでした。

でも私は、彼女はりっぱに立ち直ってくれたと信じています。拭い難い苦しみの中にありながらも、迷いを振り切って長寿院に電話をかけてきたのですから。受話器を手に長寿院の電話番号をダイヤルしようとしたとき、彼女は、きっと迷ったはずです。

私に電話をすれば、「自死を選ぶな」といわれることは容易に想像できます。その結果、決意がゆらぐかもしれません。それにもかかわらず、彼女は電話をしてきたのです。

それは、心のどこかに「生きなければいけない」という思いがあったからにほかなりません。そうでなければ電話なんかかけなかったでしょう。明確な意志をもって自殺を選択していたはずです。

でも彼女は最後の最後に長寿院の電話番号をダイヤルしました。その瞬間から、彼女は生きるための新しい第一歩を踏み出していたにちがいないのです。

長寿院には、親族が特殊詐欺にひっかかって命を絶ってしまったという電話が全国からかかってきます。特殊詐欺は決して他人ごとではありません。

それにしても、多発している高齢者を狙った卑劣な特殊詐欺はなんとかして根絶したいところですが、それ以上に大切なのは、被害者を責めるのではなく、支えていく社会をつくることです。

他人に悩みを打ち明ける環境さえあれば、失われる命も助けることができます。家族からも見捨てられ、社会とのつながりがなくなったと絶望したとき、被害者は自死へと走ります。

そもそも騙されてしまうのは、家族や親しい人を思う純粋な気持ちがあるからです。だからこそ、被害者を責めるようなことはあってはならない。私は、そう訴え続けているのです。

第九話

「母を逝かせて、私も逝きたい」

苦しいなら「話を聞いて」と声をあげよう

枕元の電話が鳴ったのは、夜中の二時のことでした「そちらに向かっているのですが、道がよくわからないので教えてください」というタクシーの運転手さんからの電話でした。

私が道順を説明し、電話が切れてから二時間ほどすると、一台のタクシーが長寿院の駐車場に停車しました。そのタクシーから降りてきたのは、三〇代のひとりの女性でした。

疲れはてた顔をしたその女性を寺に招き入れ、お茶を出して向かい合わせに座った私に、彼女はこう切り出しました。

「母を逝かせて、私も逝きたいんです」


いったい、どんな事情があって、そこまで思い詰めたというのでしょうか。私は黙って、彼女の話に耳を傾けました。

彼女は子どものころ、両親が離婚し、母子家庭で育ったと語りはじめました。

「私は、看護師の資格を取って働いていましたが、母親が認知症を発症。病状は次第に悪くなり、要介護状態となってしまいました。そこで、母を入所させるためにいろいろ施設を探しましたが、なかなか条件の合うところが見つからず、結局、自宅で母親の介護をはじめたのです」


最初のころは、まだ認知症もそれほど進行しておらず、日常生活はなんとかなっていたといいます。

しかし、それは数年間だけでした。そのうち認知症がさらに進行して、お母さんは、世話をしてくれている娘の顔も認識できなくなり、仕事もやめざるを得なくなりました。

食事の世話や排泄の世話など、二四時間続く母親の介護は大変な負担でした。また、仕事をやめたことで収入の道が途絶えてしまったことも大きな問題でした。多少は蓄えていた貯金がみるみるうちに消えていき、ほとんど使いはたしてしまいました。

そうして追い詰められた彼女がたどり着いたのが、「母をおいては死ねない。だから先に母を逝かせて、自分も逝く」という結論だったのです。

彼女の話は行きつ戻りつ、気がついたらじつに一〇時間以上に及んでいました。そして彼女は最後に、こう訊いてきました。

「住職さん、私がそんなことを考えるのは罪なのでしょうか?」

私は、そんな彼女に、こんな話をしました。

命というのは、命の連鎖の上に成り立っています。

私の命は私の命、あなたの命はあなたの命です。けれども、私の命、あなたの命が誕生するまでには、両親がいて、その両親の両親がいて、さらにその両親の両親がいるのです。この命の連鎖、命のつながりを考えると、とても「自分の命は自分のものだ」なんていえないでしょう。

それにもかかわらず、多くの人が「自分の命は自分ひとりのものだ。生かすも殺すも自分の自由だ」と考えています。それは大きな間違いですし、なんとも傲慢な考え方です。

あなたがいま、ここに存在しているのは、あなたの命まで連綿とつないでくれた数えきれない命があるからです。

ちょっと計算してみましょうか。一〇代前まで遡《さかのぼ》ると一〇二四人、二〇代前までだと一〇四万八五七六人……。この数えきれない命も、すべての人が精いっぱい生き、命をまっとうしたからこそ、つながってきたのです。いまのあなたがいるのは、そんな命の連鎖の結果なのです。私たちは、それを決して忘れてはならないのです。

そして私は彼女に告げました。

「お母さんの命をまっとうさせてあげようよ。だって、お母さんはあなたに命を与えてくれた恩人じゃないの。あなたの命の恩人を殺したらダメだよ。あなたの命はあなただけのものじゃないいんだよ」

と――。

彼女は、その私の言葉にうなずき、こういってくれました。

「私が母を殺すことは、私が私の命を否定することなんですね」

長い時間をかけて、彼女は心のうちを包み隠さず打ち明けてくれましたが、きっと彼女自身、心の奥底では「お母さんを逝かせて、自分も逝きたいという自分の衝動を誰かに抑えてほしい」と願望していたにちがいありません。

だからこそ、深夜、横浜から三時間以上もかけて、長寿院にやってきたのです。そして、それは正解でした。彼女はお母さんの命を守ることを決意すると同時に、自分の命の大切さにあらためて気づいてくれたと思うのです。

その後、私は彼女といっしょに行政の窓口に行ったり、女性のためのシェルターの関係者に会わせたりして、なんとか母親の入居先を決めることができました。そして、彼女は看護師の仕事に復帰して、いまはいきいきと働いています。

たしかにいま、国をはじめとする行政の介護問題への取り組みはまだまだ十分とはいえません。実際問題、日本が高齢化社会を迎えることなんて何十年も前から指摘されていたにもかかわらず、それを放置してきたツケが回ってきています。それが、介護自殺や介護殺人という、あってはならない事態を招いているのです。

しかし、だからといってあきらめてはいけません。問題を解決する道は必ず見つけられます。

決して孤立しないことです。苦しくなったら、「いっしょにいて」「話を聞いて」と、声をあげればいいんです。きっと手を差し伸べてくれる人が現れます。

第一〇話

孫娘を救ったおばあさんの愛

人生は〝各駅停車〟で行けばいい

「住職さん。孫娘が〝明日こそ電車に飛び込んでやる〟と私を脅すんです。もう疲れました。助けてください！」

あるおばあさんからの相談電話は、そんな言葉ではじまりました。

彼女はせきを切ったように訴えます。

「このままだと孫が自殺する前に私が死んでしまう！　家に来て、孫を叱ってくれませんか⁉」

切羽詰まった口調に、できるだけ早く会ったほうがいいと判断しましたが、当時は、折からの新型コロナウイルスの大流行で、外出自粛が強く呼びかけられており、すぐさま出かけていくことに躊躇せざるを得ませんでした。

そうしている間にも、彼女からはたびたび相談の電話がかかってきました。そして会話の積み重ねで見えてきたのは、次のような事情でした。

孫娘の年齢は二二歳。大学を中退してひきこもっているとのことでした。両親は、その子が高校二年生のときに離婚。先に父親が出ていき、母親も娘が大学に入学したのを機に出ていき、別の男性と暮らしはじめたといいます。

「両親の離婚の原因は、不倫です。ひどいものですよ。八〇歳を超えた私にわが子を押しつけて、自分の欲に走ったのですからね。孫は両親の勝手な欲望の犠牲になったようなものです。二人とも働いていましたから、多少のお金は置いていきました。娘と私に対する慰謝料のような気持ちだったんでしょう。でもそれっきり……。そろそろ亡くなった主人が残してくれたマンションを売って、孫とアパート暮らしをしなければならなくなるでしょう」

おばあさんはそう話して、深いため息をもらします。

また経済的な問題もさることながら、より大きな問題となっていたのは、ひきこもっていた孫娘が、しきりに自死を口にするようになってしまったことでした。

「孫は〝親に捨てられた〟という思いが強くて、〝自殺して恨みを晴らしてやる〟〝明日こそは地下鉄の駅で絶対飛び込んでやる〟と、毎晩のように私を脅します。どうか助けてください！」

そんなおばあさんの訴えを前に、行動を起こさないわけにはいきません。コロナ禍を理由に足踏みをしていた私でしたが、「孫が住職さんに会うことを承知した」という電話を受けて、私は二人が住むマンションへと向かいました。

マンションに到着した私が部屋に通されると、孫娘のN子さんはソファに、まるで脅えた猫のように身を縮めていました。

「N子さん、会ってくれてありがとう。ほんとうにありがとう……」

私がそう声をかけると、N子さんは、ワッと号泣しはじめたのです。そればかりではありません。

さまざまな激しい感情が一気に噴き出したにちがいありません。

「N子ちゃん、ごめんね。おばあちゃん、あなたを助けてあげられないの。ごめんね。弱虫のおばあちゃんを許して！」

そんな孫の姿を見たおばあさんも、
と、まるで吠えるように泣き声をあげて孫娘を抱きしめたのです。

それに孫娘も応えます。

「おばあちゃん！　おばあちゃん、私のほうこそごめんね。おばあちゃんを苦しめてごめんね。ごめんね！」

抱き合う二人の眼から大粒の涙がボタボタとこぼれ落ちます。

二人きりの緊張状態の中に、私という第三者を受け入れたことがきっかけとなって、二人の心をギリギリと縛っていた鎖が一挙に解かれたのです。

しばらくして、ふと、お線香の香りがただよっていることに気づきました。

「お線香のとてもいい香りがしますね」

私がそういうと、おばあさんは孫娘を抱きしめたままうなずきました。

「はい、住職さんがおいでになるというので、お仏壇にお花とお水、お線香をあげておきました」

私は、心の中で思いました。

「ああ、仏さまが整えてくださった、このひとときを無駄にしてはならない。いまこそ僧侶である私の出番だ」

と――。

お仏壇に向かった私は、二人を背にして観音経《かんのんぎょう》を読誦《どくじゅ》しました。

衆生被困厄《しゅじょうひーこんやく》
無量苦逼身《むーりょうくーひつしん》

観音妙智力《かんのんみょうちーりき》
能救世間苦《のうぐーせーけんくー》

多くの人々が想像もできないような災難や苦しみに遭《あ》ったとき、観音さまは不可《ふか》思議《しぎ》な力でまちがいなく救ってくださる。だからこそ観音さまのことを、大慈悲心《だいじひしん》の菩薩とおよびするのです。

そしてその後、おばあさんの手で入れられた温かな緑茶をいただきながら、短い言葉をN子さんに伝えました。
「急ぐことはないよ。人生は各駅停車で行ったほうが充実すると、私は思っています。ゆっくりでいいんだよ」
と。

この日から、おばあさんの電話は絶え、電話の主が変わりました。週一で、受話器から流れ出るのは、N子さんの明るい声です。

「住職さん、私、就職を考えてます。おばあちゃんは私が守りますから心配しないでください。人生は各駅停車でいいんですよね！　私、両親のことは忘れます。生きていきます！」

思わず、私の返事も声高になります。

「そうだ！　負けないで！」

孫娘を救ったおばあさんの愛に合掌です。

それは姿を変えた観音さまだったにちがいありません。

第2章

「今日一日」を精いっぱい生きる

畑にまいた種に辛抱強く水をやる。
そうすれば、いつか必ず芽が出て花が咲き、実をつけるときがやってきます。
けれど「どうせ芽なんか出ない」と決めつけて畑に水をまかなければ……
いつまで経っても芽は出ません。

人生も同じこと。
未来を信じて、今日を精いっぱい生きてください。
するときっと未来が変わっていきます。
苦しみの数以上に、幸せを得ることができます。

第一一話

暴力団に追われた若者がたどり着いた場所

「いま」の生き方しだいで「過去」も変えられる

そもそも私が自死志願者の相談を受けるようになったのは、ある若者が友人に伴われて、長寿院にやってきたのがきっかけでした。

「死にたい」と繰り返す姿を見るに見かねて、「お寺の坊さんなら、何かいいアドバイスをしてくれるかもしれない」と長寿院に連れてきたのです。その若者の話をしましょうか。

　若者はそれまで、とても人にいえないような人生を送っていました。少年時代から嘘をついては人を騙してきましたし、親の金も平気で盗んで遊び回っていました。なんとか私立大学に進学したものの、ろくに授業を受けず、遊ぶ金欲しさに暴力団の下働きをするようになったといいます。

　そして二〇代半ばになったとき、若者は暴力団の金を使い込んでしまいます。暴力団の縄張りの店から取り立てた金（みかじめ料）に手をつけてしまったのです。それがバレて半殺しの目にあい、以来、いつ殺されるかもしれないという恐怖の中で「もう死んでしまいたい」と考えるようになっていたのです。

　私を前にした若者は、それまでのいきさつを話しながら、こう告白しました。

「とにかく、これまで自分は嘘ばっかりついてきたんです。嘘をついて、それを塗り固めるためにまた嘘をついてという人生……。そのあげく、とうとう命を狙われることになってしまいました。そして、いつ殺されるか、いつ死ぬかと思う日が続くうちに、もう生きることに疲れちゃって……」

私は、そんな彼にずばりと聞きました。

「どうなんだい？　本心から生きていきたいのか？　それともあっさりと死にたいのか？」

いまにして思えば、ずいぶん乱暴な聞き方です。

正直にいうと、そのころはまだ、私自身、自ら命を絶とうとする人たちの心の中を思いやる気持ちをそれほど持っていませんでした。

また、「この自ら命を絶とうとしている若者を、生きる方向へ大転換させるために何をいったらいいんだろう」という戸惑いもありました。

そんな私の問いかけに若者は、

「生きたいです……」

と答えたのです。

「それなら、私のいうことを聞くか？」

と続けて問いかけると、

「なんでも聞きます」

という言葉が返ってきました。

私はまず、警視庁の友人の力を借りて暴力団がらみの問題を処理したうえで、若者に、長寿院に身を寄せて本気で自分を変える努力をするようすすめました。

すると、彼はそれをためらうことなく受け入れたのです。

「では、これから仮の出家をしてみよう」

そういって、私は弟子たちに風呂を沸かさせ、若者に僧侶が着る白衣を着せて、頭を青々と剃り上げました。こうして彼の寺での生活がはじまったのです。

まず若者に課したのは縁側の掃除でした。

一か月ほど経ったころ、若者が、

「もう十分にピカピカになったから、縁側を磨いても意味がないのではないですか？」

と問いかけてきたのです。

そこで私は諭《さと》しました。

「汚れていようが、きれいだろうが関係ない。ただひたすら掃除する。ただただ磨く行ないそのものがおまえの修行なのだ」

三か月が過ぎると、縁側が輝きはじめました。そこで若者はふたたび聞いてきました。

「こんなにピカピカになってもまだやらなきゃいけませんか？」

私はこう答えました。

「この廊下を磨くことが目的なのであって、結果的にピカピカになったとしても、それでもひたすらこの廊下を磨き続けることが大切なんだ」

そして七か月が経ちました。「少しわかった気がします」と若者はいい、言葉を続けました。

「これまでの自分は、どう生きるかという覚悟も持たず、流されていました。ここで修行させていただいたおかげで、社会に出てまじめに働く覚悟が固まりました」と。

私は聞きました。

「まだ死ぬ気はあるか？」

彼ははっきりと、

「ありません」

と答えます。

そこで私は、寺を卒業するための課題を与えました。

本堂の真ん中に座らせ、分厚い紙の束を渡し、これまでの人生でついてきた嘘を全部書き出すよう命じたのです。

若者は一時間もすると、「書きました」と戻ってきました。夜一〇時過ぎのことでしたが、その手には数枚の紙が握られていました。

「まだあるだろう。全部書き出せ！」

「はい……」

そんなやりとりが何度も続きましたが、その都度、紙の厚みは増していきます。

そして翌朝、お経をあげ終わった私のもとに、彼は分厚い紙の束を抱えてやってきました。

「それで全部か！」

「もうこれ以上ありません！」

若者はその場に崩れ落ち、ボロボロと涙を流しました。

その姿に偽りはないと見た私は、ご両親に電話を入れて長寿院に来ていただき、卒業の儀式をはじめました。

本堂の中央に若者を座らせ、弟子たちとともにお経をあげながら、若者が書き綴った紙を燃やします。若者は、その紙を私が読みもせずに燃やすのを見て怪訝な顔をしました。

「住職さん、読まないんですか？」

「私が読むために書かせたのではない。おまえがこれから新しい人生をはじめる前に、過去の過ちを懺悔し、清算するために書かせたのだ。この紙はおまえ自身が自分を真剣に見つめ直した証拠なのだ」

燃えていく紙を、彼は涙を流しながら見つめていました。すべて燃やし終わると、私は最後の警策《きょうさく》を彼の背に浴びせていいました。

「よいか、おまえはきょうからもう嘘をつく必要はない。嘘をつくなといっているんじゃない。嘘をつく必要がない、といってるんだ。わかるか。そう思え！」

そして、この焼却の儀式のあと、若者は両親と自宅へと帰っていきました。若者はその後、印刷会社に就職し、いまも元気に働いています。

人は変わることができるのです。

そして自分を変えれば、過去も変えることができるのです。

思い起こせば、あの若者との出会いがなければ、私がいまのように、自ら命を絶とうとする人たちと真摯《しんし》に向き合うことはなかったのかもしれません。

この若者との出会いは、きっと仏さまの導きだったのでしょう。

第一二話

修行者となった元暴走族リーダー「自分なりの生き方」を見つけて精いっぱい生きる

もう、ずいぶん前の話です。

お盆が近いある日、長寿院の境内墓地で二人の職人さんが朝早くから休みも取らずに働いていました。「お盆前に新しい墓石を建ててほしい」という、檀家さんの急な依頼に応えるためでした。

その日はひどく日差しの強い日で、二人とも汗まみれになっていましたが、ときどき先輩の職人さんから後輩の職人さんを叱責する声が聞こえてきます。

「おい、何やってんだ。そんな置き方したら、石の角が傷つくじゃねえか。バカヤロウ！　いつになったら覚えられるんだ！」

「オッス！」

「オッスじゃねぇだろ。ハイといえ、ハイと！　いつまで暴走族やってんだ。オッスなんて二度というな。今度いったらぶん殴るぞ」

「オッ……ハイ！」

後輩の職人さんは先輩の言葉に素直に従い、黙々と作業を続けています。

それからしばらくして、ようやく昼の休みに入ったとき、私はそれとなく後輩職人さんに聞いてみました。

「暴走族だったのかい？」

彼は「はい」と小さく答えて、「数年前まで暴走族のリーダーだった」と語りはじめました。

その当時、傘下には一〇〇人以上のメンバーがいたといいます。

「あのころは、有頂天でした。警察なんてなんとも思っていませんでしたし、他の暴走族グループとの喧嘩も日常茶飯事でした。それこそ血が騒いで徹底的に……。それでもやるかやられるかだと思っていましたし、ケガをさせた人も大勢いました。でも、そんなある日、メンバーのひとりが目の前で死んだんです」

彼はしばらく口を閉ざしたあと、思いきったように告白を続けます。

「オレが先頭に立って、三〇台ほどのバイクで暴走していたときのことです。走り出して三〇分ほど経っていたと思います。突然、後ろのほうからドーンという大きな衝撃音が聞こえてきました。

その音に、みんな一斉にバイクを止めて振り向きました。オレはすぐに音のしたほうにバイクを走らせました。そして、最後尾付近を走っていたメンバーのひとりが、転倒したバイクの脇に横たわっている姿を目にしたんです」

その体は、バイクから流れ出すガソリンの中で、ピクピクと震えていました。周囲にはおびただしい血が流れ出し、広がっていきます。それを見た彼は、大声で叫びました。

「おい、救急車を呼べ！　早くしろ！」

しかし、誰ひとり、その声に応えることはありませんでした。それどころか、「やべぇ！」といって、次々とその場から逃げ去っていったのです。

「オレは、あの日から暴走族をやめました。仲間の死に際の姿が頭から離れず、悪いことをしたと思って、居ても立ってもいられなくなりました。海に身投げして死んじまったほうがラクだとも思いました」


そんな苦しみに満ちた日々を送っていた彼は、ある日、町を歩いていて、墓石会社があることに気づきました。

それまで、何度も通ったことがある道ですが、墓石会社があることにすら気づいていなかったといいます。

でも、それが彼を救うことになりました。

並んでいる墓石を見ているうちに、彼の中にある決意が芽生えます。

「死んでしまったメンバーは両親がいませんでした。墓もなかった。だから、オレが墓を建ててやろうと思った。それがオレにできる償いだと思ったんです。それで、いま勤めている墓石会社に就職したんです」

彼はそう打ち明け、ふたたび仕事に戻っていきました。

その日の夕方、仕事が終わった二人に部屋に上がってもらい、軽い食事をしてもらうことにしました。

先に先輩職人さんに風呂に入ってもらい、湯上がりのビールを出しました。先輩職人さんは、おいしそうにゴクリとビールを飲みはじめました。そこで後輩の彼にも風呂をつかうようにすすめましたが、

「オレは最後でいいです。みなさん、先に入ってください」

といいます。

それではということで、私や弟子も先に風呂をつかい、最後に彼が風呂場へと向かいました。でもしばらく経っても、なかなか戻ってきません。

どうしたのかなと、そっと様子を見にいった弟子のひとりが戻ってきて教えてくれました。

「いやぁ、彼は風呂場の掃除をしているんですよ。それもピカピカになるほど一生懸命、タイルを磨いています」

私もそっと覗きにいきました。弟子の言葉どおり、彼は一心不乱に風呂場の掃除をしています。

私の目には、その姿がまるで修行僧のように映りました。彼は、亡くなったメンバーの死を真正面から受け止めて、誰に教えられるのでもなく、心の修行を積んでいたのです。

それから、ずいぶん年月が流れましたが、彼はいまでは一人前の職人として働いています。その彼は力強く断言します。

「お墓は、人が最後の眠りにつく場所です。私はみなさんが安心して眠れるお墓をつくりたいと、いつも思っています。これこそ私がたどり着いた生き方なんです」

いまも彼の修行は続いているのです。

人は生きているうちに、いろいろな出来事に遭遇します。なかには悔やんでも悔やみきれないようなこともあるでしょうし、忘れたいこともあるでしょう。でも、どんなに苦しくても、決して忘れてはならないこともあります。苦しみを背負うことから逃げてはいけないこともあるのです。

そんな苦しみを背負いながらも、人は自分なりの生き方を見つけ、一歩ずつ、精いっぱい生きていかなければなりません。

そのためには、心の修行が必要です。心の修行を積むことではじめて、自分を変え、過去を変えていくこともできるのです。

第一三話 刑務所を出所したある男の覚悟

「生きて罪を償い続ける」ということ

もう一〇年以上前のことです。

晩秋を迎えたある朝のこと、長寿院にひとりの男性が年老いた母に伴ってやってきました。

私が二人を招き入れると、母親はすぐに大粒の涙を流しながら、私に訴えかけはじめました。

「住職さん、この子は大きな罪を犯して今日の今日まで獄中におりましたが、今朝、迎えに行きました。

私はこの日を待ちに待っていましたが、情けなくて、悔しくてたまりませんでした。なんでこんな息子を持ってしまったんだろう。私の育て方が悪かったのか。いったいどこでどう間違ってしまったのか。そんなことが頭の中をグルグル回り、答えが見つからないまま、今日になってしまいした。

私はもう八〇歳を超えた年寄りです。この子は三八歳……。刑期を終えたといいますが、この子と二人でこれからどう生きていけばいいんでしょうか。

この子は出所したといっても、世間は許してくれないでしょう。これから罪人として生きていかなければなりません。

この子の父親は、この子が三歳のときに家を出たきりで、生きているのか死んでしまったのかもわかりません。私は間もなくお迎えが来ます。そうなると、この子はひとりぼっちです。私が死んだあと、どう生きていくのかと思うと心配でたまりません。

それで、息子に〝いっそのこと、二人で死んでしまおう〟といいました。そうしたら、この子は〝長寿院の住職さんに会いたい〟というのです。なんでも刑務所の図書館で住職さんの本を読んだというのです。

それで、この子といっしょに来させていただいたんですが、住職さん、私はこの子を殺して私も死にたいと思います。住職さん、それはいけないことですか？」

老母は吶々《とつとつ》と思いのたけを打ち明けます。

息子はその横で正坐を崩すことなく、やはり大粒の涙を流しながら、黙って母の話を聞いていましたが、ふっと居住まいを正すと、私にこう話しかけてきました。

「住職さん、オレは刑務所にいる間、出所したら死んでしまおうと決めていました。でも、住職さんの本を読んで〝生きよう〟と思うようになりました。

母にはほんとうに苦労をかけたと思います。苦労して育ててもらったのに、とんでもない罪を犯しました。どうしようもない息子です。

母が周囲の人たちから、どんな目を向けられてきたか、想像しなくてもわかります。

それを思うと、どんなに謝っても謝りきれませんし、母が〝いっしょに死のう〟というのもわかります。

どんなに謝っても謝りきれないのは、被害者の方とその家族の方々に対しても同じです。とても許してもらえないことをしてしまったことは重々わかっています。私が生きている。まして出所したと知ったらいても立ってもいられない気持ちになられるでしょう。それを考えると、死んでしまったほうがいいんじゃないかなと思うこともあります。でもオレは、だからこそ生きて罪を償いたいのです」

彼がいったい、いつどこで、どんな罪を犯したのか、私は一切聞きませんでした。その必要はないと思ったからでした。そんな私に彼は心のうちを訴えます。

「住職さん、オレ、仏さんの前で心から謝りたいのです。そして生きていってもいいと、お許しいただきたいのです」

私は、その言葉に嘘はないと感じました。そして、本堂の中央に二人を坐らせ、経本を渡していいました。

「ここに、『懺悔文《さんげもん》』という経文があります。〝私がいままでに行なってきたさまざまな悪事はすべて貪《むさぼ》りと怒《いか》りと愚《おろ》かさによって起きたことです。いま、私はこれらのすべてを悔い改めて、生き直します〟という意味の経文です。さあ、私といっしょにお唱えしましょう」

我昔所造諸悪業《がしゃくしょぞうしょあくごう》　皆由無始貪瞋痴《かいゆうむしとんじんち》
従身口意之所生《じゅうしんくいししょしょう》　一切我今皆懺悔《いっさいがこんかいさんげ》

「私がいつの日からか、知らずしらずのうちにつくってしまった貪りと怒りと愚さによる私の行動、また言葉や思いのすべての罪を懺悔いたします」

このように完全に素直な人になって、御仏《みほとけ》の御前《おんまえ》で悔い改めましょう。そうすればその懺悔の力は、これまで知らずしらず、心ならずも犯してきた罪のすべてを跡形《あとかた》もなく消し去り、あなたは無上の幸福への道を歩むことになるでしょう。

私たちは、懺悔文を幾度も幾度も唱えました。母親と息子の、無心に唱える声が後ろから聞こえてきます。

私はその声を聞きながら、長寿院のご本尊である聖観世音菩薩さまに祈り念じました。

「どうぞ、この母親と息子をお救いください」

と。

夕刻の暗闇が近づく中、二人は長寿院をあとにして帰っていきました。

それからしばらくして、母親から長い手紙が届きました。日々の事柄をこと細かに書いた手紙でした。罪については何も書かれていませんでした。

ただ、その中に、

「いま、息子は小さな印刷所で働いています。日曜祭日には息子と二人で公園のトイレを掃除させていただいております」

という一文がありました。

そう、年老いた母親は息子といっしょに贖罪を続けていたのです。

それから数年後、息子から一枚のハガキが届きました。それには、短くこう書かれていました。

〈住職さん、母が死にました。私ひとりで送りました。母はいなくなりましたが私は生きています。また会いに行きます〉

その後、彼があちこちのトイレを磨き続けていると、風の便りに聞きました。彼の中でまだまだ贖罪の日々が続いているのでしょう。それはほんとうに辛い道だと思います。ひょっとすると、彼にとって贖罪の日々が終わることはないのかもしれません。

でも、私は彼がふたたび会いに来てくれる日が来るのを待っています。いつか必ず、彼自身が少しでも自分を許せる日が来てほしい――。私は心の底からそう願い、聖観世音菩薩さまに手を合わせているのです。

第一四話　両親の離婚ではじまった人生の暗転

生きる、いえ生き
、、、
きるのです

二〇歳になったばかりだという女性が長寿院にやってきました。

彼女は「死にたいという気持ちを捨てきれない」と訴えます。私はいつものように相談者である彼女を前に坐らせ、問わず語りの訴えに耳を傾けました。

彼女の話は二年ほど前の出来事からはじまりました。

彼女は高校を卒業して、希望どおり、大手のスーパーマーケットの正社員になることができました。社会に出て自分の人生がどう変わっていくのか、楽しみにしていたといいます。

ところが、その直後に彼女の人生は暗転します。両親が突然、離婚してしまったのです。

もともと両親の仲が悪いことはわかっていました。とはいうものの、両親の離婚は大きなショックでした。

離婚の直接の理由は父親にありました。彼女の父親は、その一年ほど前にリストラされて以来、酒浸りになってアルコール依存症と診断されていました。

それればかりではありません。そのうち薬物にまで手を出すようになり、更生施設に入れられていました。母親はもうそのころから夫との離婚を決意していたのかもしれません。まるで娘が就職するのを待っていたかのように夫との離婚に踏み切ったのです。

さらに、離婚した母親は、まるでタガが外れたように、パチンコ店に入り浸るようになりました。

収入の道が途絶え、経済的な破綻に不安を抱き、なかば自棄《やけ》になってしまったのかもしれません。わずかにあった蓄えを瞬く間にパチンコにつぎ込んだ母親は、彼女の給料をあてにして無心するようになりました。

「給料が入ったんだろ。一万円、いや五〇〇〇円でいいから出しな」

母の無心は毎日のように続きました。仕事から家に帰ってきても、いっときとして心安らぐことはありませんでした。彼女は「まるで無間《むけん》地獄だった」と振り返ります。

最悪だったのは、それに加えて、職場では上司によるセクハラがはじまったことでした。入社して一か月も経たないうちに、売り場の直属の上司が、わいせつな冗談をいったり、彼女の容姿を評してからかったりするようになったのです。

それでも最初のうちは我慢していました。しかし、それをいいことに上司のセクハラはエスカレートして、平気で体を触ってくるようになりました。

世間でセクハラが大きな問題となっていることや、それと戦っている女性たちがいることを、彼女もニュースなどを通じて知っていました。

だから、一度は、そんな上司に立ち向かおうと、思いきって「職場のみんなにいいますよ」と抗議したといいます。

しかし、セクハラ上司はせせら笑いながら、「やるならやってみろよ。クビにしてやる」と、逆に脅してきました。

その一言で、もう耐えきれなくなった彼女は、別の上司に訴えました。その上司なら救ってくれると思ったからでした。

しかし結果は正反対でした。なんと彼女のほうが「勤務態度不良」という理由で解雇されたのです。まったく根拠のない理由でした。でも、もう彼女には、それ以上戦う気力は残っていませんでした。

家庭がすっかり崩壊してしまったうえに、仕事を失ってしまったのです。

心が折れた彼女は、

「そのときから自ら命を絶つことを考えはじめた」

と振り返ります。

インターネットで調べると、「電車に飛び込んでの自殺は成功率が高い」と書かれていました。

そしてある日の早朝、彼女は自宅近くの駅のホームに立ち、始発電車を待ちました。「まだ人が少ないうちのほうが誰かにとめられることなく飛び込めるだろうし、迷惑をかける人も少なくてすむ」と思ったからでした。

そこまで覚悟を決めた彼女でしたが、いざホームに立つと体が震えはじめました。ホームに電車の到着を知らせるアナウンスが流れると、震えはますますひどくなりました。それでも彼女は近づく電車を目にすると一歩を踏み出そうとしました。

そのときです。後ろから「おやめなさい！」という女性の鋭い声が聞こえ、気がつくと、彼女の体は誰かの両手でがっしりと抱きかかえられていました。

「離して！」

彼女はその手を振りほどこうとします。しかし、彼女を抱きかかえる手は力強く、一歩も動くことができなかったといいます。

「ホームに入ってきた電車のドアが開いて待っていた人たちが乗り込むと、すぐにドアは閉じられ、電車は何事もなかったように出ていきました。電車を待っている人は少なかったし、私が飛び込もうとしたのに気づいた人もいなかったんじゃないかと思います」

彼女はそう振り返ります。

でも、そのわずかな時間が、まさに彼女の生と死を分けたのです。ホームに泣き崩れた彼女に、女性が話しかける声が届きました。

「何があったのか知らないけど、急ぐことはないよ。どんな辛いことがあっても生きていかなきゃ。命にかなうものはないんだから。

あんたはまだまだ若い。これからもいっぱいいろんなことがあるはず。どこかにきっと、あんたを助けてくれる人がいる。絶対に。素敵な恋人だってできるはず。だから、もうこんなことはしないで……」

しばらく呆然としていた彼女が振り返ると、ひとりの老女が去っていく姿が目に飛び込んできました。両手に掃除道具とゴミが詰まったビニール袋を持ち、清掃作業用の服を着た女性でした。

「私は思わず、〝待ってください！〟と声をあげて、その女性のあとを追いかけて階段を駆け下りましたが、その方の姿はどこにも見当たりませんでした。

あの女性の一声で私はいまも生きているんです。その後も、あの女性に会いたいと思って、何度も駅に行ってみるんですが、なかなか会えずにいます。

正直にいうと、いまでも死んでしまいたいと思うことがあります。私はどうすればいいんでしょうか」

彼女は、私にそう聞いてきました。そんな彼女に私は答えました。

「その女性は、菩薩さまに代わって、あなたに宿題をくださったんですよ。〝生きるとはどういうことか〟という宿題を。ありがたい宿題です。私たちといっしょに、その宿題を解いていきませんか」

と——。

生きていると、いろいろ辛い出来事が起きるでしょう。誰も自分に手を差し伸べてくれないと思うこともあるでしょう。でも必ず、あなたとの出会いを待っていて、手を差し伸べてくれる人がいるのです。

そんな人と出会うためにも、〝生きる〟、いえ〝生ききる〟のです。

第一五話

いまだ癒えない東日本大震災の傷跡

いま自分ができることに全力を傾ける

東日本大震災が起きたのは、平成二三（二〇一一）年三月一一日一四時四六分のことでした。

激しい揺れとそれに伴う建物の崩壊や火災、また津波によって、東北地方を中心に一二都道府県で一万八四二五人の死者・行方不明者が発生。さらに福島第一原子力発電所でメルトダウン事故が発生し、多くの住民が着の身着のままでの避難生活を余儀なくされることとなりました。

それから一〇年以上が経ちました。

しかし、いまでも故郷に帰ることができないまま仮設住宅で生活している人たちがいます。まだまだ東日本大震災の傷跡は癒えていないのです。


震災直後から五年以上、私は福島県田村町（現在の郡山市田村町地区）の、四〇軒ほどが建てられた仮設住宅に通っていました。

長寿院がある千葉県成田市から田村町まで距離にして二八〇キロメートル。米や水、サツマイモなどを満載して走っていると、走行距離三〇万キロメートルを超えた愛車はギシギシと不気味な音を立てます。それをなだめすかしながらの道行《みちゆ》きでした。

何度か通っているうちに、馴染みの顔も増えていきます。私が行くと、いつも「住職さん、また来たね」「待ってたよ」と温かく迎えてくれました。

仮設住宅に住んでいる人たちには、話したいことが山ほどあります。過去の思い出、現在の思い、また将来への不安や夢……。話題はさまざまですが、そうした話を聞き、寄り添うことも僧侶の大事な務めです。

ある日、いつものように仮設住宅の敷地に車を乗り入れると、人影がなく妙に静まり返っていました。移住を決めて出ていく人や、住宅を再建して出ていく人も出てきているとは聞いていましたが、それにしても静かだと思いながら歩いていると、後ろから声が聞こえてきました。

「ああ、住職さんですね。また来てくれたんですか」

振り向くと、何度かお会いしたことのある男性が立っていました。

「やあ、赤ん坊のミルクをつくる天然水とかを持ってきたんですけど、今日はずいぶん静かですね。みなさん、どこかにお出かけですか？」

と聞くと、男性は、

「町でちょっとした祭りのようなものがあって出かけたんでしょう」

といい、物資を降ろすのを手伝ってくれたあと、私を自宅に招き、お茶を振る舞ってくれました。

じつはそれまで、その男性とは顔を合わせたことはあっても、個人的なことを話してくれたことはありませんでした。しかし、そのときはちがいました。しばらくすると、男性はポツポツと自分の境遇を話しはじめました。

「オレ、災害で家族を失ってここに来たけど、なんにもすることがねえ。仕事はみんな断られて」

くぐもった声に目を向けると、男性の目にはうっすらと涙が浮かんでいます。

「仕事、見つかりませんか……」

私がそう聞くと、彼は言葉を続けます。

「そうなんだ。オレは女房と小学生の息子を津波で失ってここに来た。最初はなんにもする気にならなかったけど、このままじゃいけないと思って仕事を探した。でも、どこに行っても断られた。オレは福島第一原発で被曝《ひばく》したからなぁ。はっきりと口にはしないけど、〝被曝者はお断り〟という雰囲気だった。

それに、オレは福島で原発の仕事をしていた。その仕事があったから、女房、子どもと生きてこられたんだけど、それも理由のひとつかもしれない。〝原発憎し〟だよ。オレはまだ五〇歳だ。まだまだ働けるのにどこも受け入れてくれないんだ。最初はなんだか信じられない思いだった。でもそれが現実なんだ」

男性は、これまでそんな心のうちを誰にも打ち明けずにいたにちがいありません。男性の頬を大粒の涙が、ひと筋、ふた筋と流れ落ちました。

私はそのとき、彼にかけてあげる言葉を見つけられませんでした。いったい何を語ればいいのか……ほんとうに途方に暮れてしまったのです。

しばらく無言の時間が流れましたが、そのときガヤガヤと話をする声が近づいてくるのが聞こえてきました。

そしてまもなく、男性宅の扉が開けられ、元気なおばあちゃんたちの声が飛び込んできました。

「あら、住職さん、来てくれたの！　ありがたいねぇ。千葉のサツマイモかい。ほんとにおいしいんだよね」

おばあちゃんたちはパワフルです。静寂に包まれていた男性の家の中に、たちまち元気な声と笑い声が広がります。

そのうち、ひとりのおばあちゃんがふと思い出したように、男性を指さしながら、こういいはじめました。

「住職さん、この人は仏さんだよ。毎日、おらたち年寄りの家を見回ってくれてよお」

それをきっかけにおばあちゃんたちが、口々に彼のことを話しはじめます。

「そうさ、買い物にはついて行ってくれるしなぁ」

「困ってることがあったらいってくれ、なんでもするからといってくれるしな」

「先月よ、おらたちと同じひとり暮らしのばあちゃんが亡くなったんだけど、最初に見つけてくれたのがこの人だったんだ。この人が見回ってくれてなかったら、ばあちゃんは、ずーっとあのまんまになるとこだったなあ」

おばあちゃんたちの言葉からは、彼に対する感謝の念と、彼を頼りにしている心情が伝わってきました。

気がつくと、夕暮れが迫っていました。私が車に乗り込み、エンジンをかけると、彼が窓越しに声をかけてきました。

「住職さん、いま、オレにできることは年寄りの孤独死をなんとか防ぐことだと思っていて。でも防ぎきれないかもしれない。だから、今度来たときに、お経を教えてくれませんか。万が一、ひとりで亡くなったおばあちゃんがいたときには、お経のひとつでもあげてあげられればいいと思うから……」

私は帰りの車の中で思いました。

「ああ、彼は自分の辛い思いを乗り越えて、人のために生きようとしている。次に来るときには、絶対にお経本も乗せてこよう。ここでも菩薩が生まれようとしている。私にもそのお手伝いをさせていただこう」

と。

第一六話

いま、死ぬのも大変な時代

「終活」の前にやるべき二つのこと

元気なうちに人生最期を迎えるためのさまざまな準備をする「終活」の必要性がやたらと叫ばれる時代になってきたようです。

「エンディングノート」を書くのは当たり前のことだそうですし、遺書の書き方セミナーは大盛況だとか。

さらには葬式費用をまかなうための死亡保険が必要だとか、残された家族が困らないように墓じまいをして永代供養墓を予約しなくては……など、なんだか、死ぬのも大変な時代になってきています。

あるとき、お檀家のお年寄りに聞かれました。

「終活をやろうと思うけど、何から手をつければいいんでしょうか?」

それに対して、私はこう答えました。

「元気なら、生きているうちにやるべきことがあると思いますよ。

ひとつは、若い人たちに〝こんな年寄りになりたい〟と思わせるような生き方をすることです。これは難しいことではなくて、元気で笑顔で、仕事や趣味に、楽しくてしょうがないという姿勢を見せることです。

もうひとつは、これまでお世話になった人に恩返しをして死を迎える。それが終活です。まず、この二つを実行してください」

でも、どうも納得していないようです。そこで私は、温かいコーヒーをすすめながら、話を続けます。

「講演会やセミナーで一〇代から三〇代の若者と対話することがよくあります。そこでよく耳にするのは次のようなことなんです。

①大人はみんな疲れているように見える。
②大人は人生で大事なことを教えてくれない。
③こんな大人になりたいと思う大人に会うことができない。

つまり、残念なことに、いまの若者は〝大人〟たちに失望しているんですね。

高齢者にとって、年下の者は人生の弟子です。ならば、師匠である高齢者は、ひとつでもいいから人間の生き方として大事なことを教えてあげることが務めです。

それは決して難しいことではないでしょう。仕事でもいいし、趣味でもいいから、楽しみを見つけること。人生の先輩たちが元気で笑顔で生きていれば、それだけでも若者たちに希望を与えることができるはずです。

そして、いよいよ自分の死というものを身近に感じるようになったら、お世話になった人、会いたいと思う人に会いに行きましょう。あるいは電話でも手紙でもいいから、感謝の気持ち、あるいは謝罪の気持ちを伝えるのです。人って、何かを他者に伝えてから死を迎えたいものなのですから……」

私の話をひとしきり聞いた彼は、

「近く、大学時代の友人に会いに行ってきます」

といって帰っていきました。

遺書の書き方セミナーに通う前に、やるべきことがあるはずです。それは人によりさまざまですが、まず自分が生きているうちに何をやればいいのか、じっくりと考えてみてはいかがでしょうか。

第一七話 あるひとりのホームレスの死

よい死に方をしたいなら、よい生き方をするしかない

先日、ある高齢の女性から、

「よい死に方を教えてほしい」

という電話がありました。

決して自死願望があるわけではありません。「穏やかに、ああいい人生だったなという思いに満たされて死を迎えたい」というのです。

その電話に、私は抽象的な返事だなと思いながら、こう答えました。

「よい死に方をしたいと願うなら、よい生き方をするしかありませんね」

すると驚いたことに、女性から明るい声が返ってきました。

「そうなんですね。そういうことですよね。よい生き方をすればいいんですね。スッキリしました！」

私に電話をする前から、彼女は〝よい死に方〟とは何かがわかっていたのでしょう。人にとって〝よい死に方〟はさまざまです。それを見つけ、まっとうすることこそ、ほんとうの意味での〝終活〟です。

私は、その女性との電話のあと、数年前のことを思い出しました。

ふと立ち寄った定食屋で、私は突然、見知らぬ男性から声をかけられました。

「いっしょに火葬場に行ってくれませんか」

と――。

そのとき私は、一瞬驚いた顔をしていたはずです。それはそうでしょう。見知らぬ人から、いっしょに火葬場に行ってくれと頼まれたのですから……。

それでも彼は、真剣な顔で話しかけてきました。

「ホームレス仲間が死にそうなんです。亡くなったら火葬は公費でやってくれると思います。でも、拝んでくれる人までは面倒を見てくれません。いったいどうしたらいいかと思いあぐねているときに、ふと、作務衣《さむえ》姿のあなたを見かけました。お坊さんですよね。お坊さんなら話を聞いてくれるかもしれない……。そう思って、思わず声をかけてしまいました」

ある程度事情が呑み込めた私は、そのまま彼の話に耳を傾けました。

私に話しかけてきた男性は六八歳、死にそうになっているホームレス仲間は七二歳で、もう出会ってから三〇年以上になる関係だといいます。そして、さらに彼の話は続きました。

「じつは、私と彼は名の知れた電気関係の会社の上司と部下という関係でした。でも、あるとき賄賂事件に巻き込まれ、二人ともクビになってしまいました。トカゲの尻尾切りのようなものでしたが、どうしようもありませんでした。

それがきっかけでした。二人とも家族との関係が最悪になって、家を出ることになってしまったのです。

二人とも財産は家族に渡して、なんとか仕事を探そうとしましたが、あっても日雇い仕事しかありませんでした。二人でなんとかがんばろうと励まし合ってきましたが、とうとう河川敷でホームレス生活を送るはめになってしまった……。

そういう意味では、私にとって唯一無二の友だちが彼なんです。その彼が、まるで死期を悟ったかのように、うわ言をいうんです。〝まあ、ここまできたら、まあまあだな〟と……」

彼は涙ぐみながら、これまでの事情を打ち明け、「せめて、彼に最期のお経をあげてくれないか」と頭を下げるのです。

涙ぐみながら語る彼の話を聞いて、私は断ることができませんでした。そして「お手伝いできるなら」とお経をあげる約束をしました。

その彼から「友だちが亡くなった」という連絡があったのは、数日後のことでした。

火葬の当日、私は約束どおり、お経をあげるために火葬場へと向かいました。

火葬場には数人のホームレス仲間が来ていました。私は火葬炉の前でお経をあげました。

火葬が終わり、遺骨を胸にした六八歳の彼が、私に語りかけてきました。

「住職さん、彼は成仏したんでしょうか？」

私はすぐに答えました。

「もちろん成仏しています。いや、あなたという友人と、こんなに温かな仲間たちを持っていたということは、生前すでに成仏していたということです。あなたたちがいたから成仏できたんですよ」

たしかに彼は、ホームレスという逆境に生きざるを得なかったかもしれません。

でも、その彼には亡くなったあとのお経の心配までしてくれる友人がいましたし、最期を見送ってくれる仲間たちがいたのです。

それは、彼が社会的に、たとえホームレスと呼ばれる身だったとしても、人としていい生き方をしてきたという証にほかなりませんでした。

遺骨は、役所の係の人の立ち合いのもと、長寿院の永代供養墓に埋葬されました。晩秋の陽の中、私は彼らと杯を献じました。

仲間たちは亡き人の思い出を口々に語り続けます。そのやさしい言葉に耳を傾け、私はこう話しました。

「肉体はなくなった、いや遺骨に変化したけれど、その人が生きた証や時間や行為を覚えている人がいれば、亡き人は、その人たちの中に生き続けるんです」

穏やかな死を迎えるためには、「それなりに自分の人生を送ることができた」「まああのいい人生だった」と受け入れる準備をすること。

そして、〝終活〟とは、ひとりで行なうことではなく、自分の人生に関わってくださった方々とともに行なう行為であると思います。

第一八話

「あんた、それでも坊さんか？」

「鳥は飛ばねばならぬ　人は生きねばならぬ」

新型コロナウイルスの感染が広がりを見せると同時に、相談電話が昼夜を問わず鳴り続けるようになりました。

東京に住むという三八歳の男性は、憔悴しきった弱々しい声で電話してきました。

「妻が三歳になる息子を連れて実家に帰りましたが、昨日になって離婚届が送られてきました。どうしたらいいんでしょうか」

男性は、都内に購入したマンションで妻と息子の三人で暮らしていましたが、新型

コロナウイルスの流行がはじまると、妻が、

「田舎に引っ越そうよ。この子がコロナにかかったらどうするの」

と、強硬に東京脱出を訴えるようになったといいます。

しかし、仕事もありますから、おいそれと東京を離れることもできません。躊躇する彼に、妻は、

「あなたがイヤなら、私、この子と実家に帰るわ」

といいおいて、マンションを出ていったのです。

それでも彼は、一時的なものだろうと思っていました。ところが、いきなり離婚届が届いたのですから、びっくりしたのは当然です。

彼はすぐに妻の実家に電話を入れましたが、電話に出たのは義母でした。そして、その義母から激しい口調で、こういわれたのです。

「あんた、娘だけじゃなくて、可愛い孫まで殺すつもりなの？　離婚届に判を押してすぐに送り返しなさい！」

「なぜ、こんなことに……」と男性はため息をつきながらつぶやきます。

報道で、「コロナ離婚」の増加が指摘されていましたが、私はそれが現実であることを実感して言葉を失いました。

「住職さん、年金の支払い日まで七万円貸してくれよ。食べるもんも買えないんだ。金、金貸してくれよ。

ダメなの？　なんだかんだいって、人のことを救えねぇのか。あんた、それでも坊さんか。ニセ坊主、テレビなんぞに出て、偉そうなことぬかすんじゃねぇ。今度テレビに出てるの見たら、ぶっ殺すぞ！　てめえ！」

そんな激烈な電話もかかってきました。新型コロナウイルスは、人間の肉体をむしばみますが、どうやら人の心もむしばんでしまったようです。

ある医者からこんな言葉を投げかけられました。

「住職さん、肉体の痛みはわれわれ医者が取ってあげられます。でも、心の痛みはお坊さんに取っていただきたい」

この一言はずっと私の心に宿り続けています。そして、どこからか声が聞こえてきます。

「あんた、それでも坊さんか!?」

と。

私には確かな答えはありません。そんな私が思い出したのは、仏教詩人の故・坂村《さかむら》真民《しんみん》先生の言葉でした。

鳥は飛ばねばならぬ
人は生きねばならぬ

私も、この〝強さ〟が欲しいと思います。

第3章 あなたは決してひとりじゃない

自分以外の人との「つながり」が切れてしまうのは、とても辛いものです。
そんなときには、どうすればいいのでしょうか。
誰かが手を差し伸べてくれるのを待つのではありません。
自分のほうから動いてみるのです。
するとそこに新しい「つながり」が生まれます。

人は人を必要としています。
あなたが誰かとの「つながり」を求めているのと同じように。
あなたとの出会いを待っている人がどこかにいるのです。
それは、あなたのすぐそばかもしれません。

第一九話　隣のおばちゃんは、もうひとりのお母さん

「恩人」が人生を幸せに導いてくれる

小さいころから知っていた二三歳の女性が結婚するという知らせが届きました。私は、いそいそと結婚披露宴出席の返事を出しました。その披露宴がどんなに素敵で感動的なものだったか、みなさんにお話ししたいと思います。

彼女は母子家庭で育ちました。小学校一年生のときに、父親の家庭内暴力が原因で両親が離婚したのです。それから、母親は昼も夜も働き詰めに働きました。せめて娘

には高校を卒業させたいという一心でした。

その母親の思いはかなえられました。高校を卒業した娘さんは大手スーパーの正社員となり、同じ職場で知り合った二歳年上の男性と結婚することになったのです。

多くの人が見守る中、結婚披露宴は滞りなく進行し、花束贈呈の時を迎えました。まず、新郎が新婦の母親に花束を渡します。続いて新婦が新郎の両親に花束を渡して、深々と頭を下げました。会場が大きな拍手で包まれたことはいうまでもありません。

その拍手が鳴りやむのを待って、新婦は会場を見渡していいました。

「みなさん、私にあと五分の時をください。私には、もうひとりどうしても花束を渡してお礼を申し上げたい方がいます。その方がおいでくださっています。隣のおばちゃんです」

会場は一瞬、静けさに包まれました。彼女が言葉を続けます。

「私は今日まで母ひとりに育てられたわけではありません。もうひとり、私を育ててくださった大恩人がいらっしゃいます。

母は昼も夜も働いていましたから、私はいつもひとりぼっちでした。そんな私に、毎朝、毎晩、声をかけてくださったのが隣のおばちゃんでした。

夕暮れになると、必ず声が聞こえます。

〝夕ごはん、まだなんだろう。肉じゃがつくったからいっしょに食べようよ〟

日曜、祭日も母は働いています。夏の朝早く、おばちゃんが顔を出して誘ってくださいました。

〝ねぇ、プールいかない？　おばちゃん、ひさしぶりに水に入りたくなったよ〟

私、うれしかった……。

そして忘れることができないのが、中学二年生の冬休みの出来事です。とても寒い日で、私は小さな電気ごたつにもぐりこんでいましたが、寒くて咳が止まりません。じっと我慢しているとき、おばちゃんの声がしました。

〝どうしたんだい。だいじょうぶかい？〟

締め忘れていた玄関のドアを開けて、おばちゃんが飛び込んできました。そして、私のおでこに手を当てて叫んだんです。

〝なんだ、この熱は!? すぐ病院に行かんとダメだ〟

連れていかれた病院の先生がおっしゃいました。〝こりゃあ肺炎になる寸前だ。早く来てよかったよ〟と——。

こんなふうに、いつも隣のおばちゃんが私を助けてくださいました。

私は隣のおばちゃんを、もうひとりのお母さんだと思っています。

おばちゃん、隣のおばちゃん、今日までありがとうございました。なんのお礼もできませんが、おばちゃんの一番好きな花、スイトピーの花束を用意しました。受け取ってください、隣のおばちゃん。いいえ、もうひとりの私のお母さん！」

誰もがそのあいさつを聞き、言葉も出せずにいる中、一番奥のテーブルからすすり泣く声が聞こえてきました。隣のおばちゃんです。そこにライトが当てられ、新婦は歩み寄ります。

そして新婦は大きな声でいいました。

「お母さん、ありがとう。私、お母さんのおかげで幸せになれました。これからもお母さんでいてくださいね」

スイトピーの花束を受け取った隣のおばちゃんは、無言でうなずき、大粒の涙を流します。娘が二三歳になるこの日まで働きに働き抜いてきた母親が両手を合わせています。必死で生きてきた母親にとって、隣のおばちゃんはまさに菩薩さまだったのです。

会場は大きな拍手で包まれました。

こうして披露宴が無事に終わった一か月後、隣のおばちゃんは静かに旅立っていきました。まるで、子育てを終えた母鳥のように。

そして私は思います。

隣のおばちゃんは、ほんとうに菩薩さまだったのではないかと――。

第二〇話

無理せず、ゆっくり、少しずつ立ち直ろう

バッテリーで乗り越えた不登校

長寿院では、高等学校の野球部の合宿を受け入れています。運動部の学生にとって禅寺での合宿は難行そのもの。彼らは常に動いているのですから、坐禅や写経などはそれまで体験したことがない「静止する時」だけに、なかには大汗をかいたり、涙を流したりする子もいます。でも、それが子どもたちの心を強くするのです。

高校球児にとって最大の目標はいうまでもなく甲子園出場ですが、ある年、S高校のチームは県大会で本命校を倒し、おおいに期待を集めました。もちろん私もスタンドで応援していましたが、ベスト8目前で敗れてしまい、甲子園出場の夢を果たすことはできませんでした。

電話ながら、敗戦の報告をしてくれたのは、野球部の主将でキャッチャーだったA君です。

「住職さん、ベスト8には入れませんでした。申し訳ありませんでした」

でも、激戦区の千葉県で、そこまで行けたのはたいしたもの。「よくがんばったよ」と私は彼らの活躍を称えました。

「はい、ありがとうございます……」

そこで彼はいいよどみました。何か相談したいことがあるようです。

しばらく待っていると、彼はふたたび話しはじめました。

「じつは、試合が終わったあと、ピッチャーのB君がひきこもって、不登校になってしまいました。住職さん、このままでは彼は卒業できません。どうすれば登校させることができますか？」

電話の向こうでA君は泣いているようでした。さらに話を聞くと、「最後の試合でB君はピッチャー強襲のボールを捕りきれず、ヒットにしてしまった。それが敗因だと責めてしまったチームメイトがいた。それが、ひきこもりのきっかけだった」といいます。

「でも、あのボールはとても捕れる球ではありませんでした。それは、キャッチャーだった僕が一番わかっています。だからなんとかしたいんです」

A君の声は真剣そのものでした。そんな彼に、私は「一度、相談しよう」といい、A君に長寿院に来てもらうことにしました。

次の日曜日、A君はひとりで長寿院にやってきました。そこで私は、自宅にひきこもっているB君を連れ出す〝秘策〟を授けたのです。

まず、玄関の扉を開いて、外の光景を見せなさい。

次に玄関から一歩外に踏み出させて、まわりの光景を見せなさい。

それを何度か繰り返して玄関の外に出ることに抵抗を感じなくなったら、一〇メートルだけ歩かせて、そこから帰ってこさせなさい。無理にそれ以上の距離を歩かせる必要はありません。

一〇メートルの距離を無理なく行き来できるようになったら、少しずつ距離を伸ばしていきなさい。そして駅までゆっくりと……。

不安なく、駅と自宅の行き来ができるようになったら、今度は電車に乗せなさい。でも、結果を急いではいけません。最初は一駅だけで帰ってくればいいのです。それをクリアできたら、二駅に伸ばし、さらに三駅、四駅と、乗る区間を伸ばしていきなさい。根気よく続ければ、学校の最寄り駅まで行けるようになる。

そこまで行けるようになったら、校門まで行けるようになるのはもうすぐ。でも決してあせらないこと。無理をせず、辛抱強く、B君が校門の前まで行けるようになるのを待ちなさい。

この方法は、じつは、私がひきこもりの相談を受けたときに用いていたもので、時間をかけて相手との信頼関係がつくれてこそ使える方法です。

でもそもそも、A君とB君はキャッチャーとピッチャーという関係で、深い信頼関係が築かれているはずでした。だから私は、成功する可能性はかなり高いと判断したのです。

私のアドバイスを受けたA君は、すぐに実行に移しました。学校が終わってから、遠回りしてB君の自宅に行くのがA君の日課になりました。

その成果はありました。やがて二人は校門の前までたどり着けるようになったのです。でも校門をくぐることができません。どうしても最後の一歩が踏み出せないのです。B君はA君に訴えました。

「もういいよ。これ以上、迷惑をかけたくない。もうオレのことはほっといてくれ。オレ、卒業できなくてもいいんだから。もう来ないでくれ」

涙ながらにA君を突き放そうとするB君……。それでもA君はあきらめませんでした。校門前まで行っては帰るという日が一二日間続きました。

　そして一三日目のこと。B君は思いがけない光景を目にします。校門の前に立ったとき、野球部員たちが待っていたのです。そして、大合唱がはじまりました。

「あと一歩！　あと一歩！」

　驚いたB君は思わず後ずさります。しかし、意を決したかのように一歩足を踏み出しました。部員たちは駆け寄り、ある者はB君の手を引き、ある者はB君の背中を押しました。

〝あと一歩コール〟が続く中、A君がB君を見ると大粒の涙を流していました。A君も我慢しきれず大声をあげて泣きました。

　その日、B君は部室まで行くことができたのです。


　年も変わり、卒業式が近づいたある日、二人が長寿院にやってきて、坐禅を組みたいといいます。坐禅の組み方なら合宿で学んでいます。私は何もいわず、二人を本堂に上げました。

二人は本堂の隅っこで坐禅を組んでいましたが、しばらくすると私を呼んでこういいました。

「僕たち二人、無事に卒業します」

その後、私の許可を得て、境内でキャッチボールをはじめました。境内にパシーン、パシーンという小気味のいい音が響きます。B君がA君のキャッチャーミットに投げ込む音でした。

「よっしゃ、いい球だ。もう一球!」

A君の元気のいい声も聞こえてきました。

いまはもう、二人ともりっぱな社会人になって、それぞれの人生を歩んでいることでしょう。でも、心のキャッチボールはいまでもずっと続いているにちがいありません。

第二一話

受験失敗の挫折から生まれた友情物語

たった一つの失敗で人生を決めつけない

その女性は、毎日のように、午後四時半ごろに電話をかけてきていました。

「あの世ってありますよね？　私、早くあの世に行きたいんです。もう、この世はイヤなんです！」

〝定期便〟のような彼女の電話に、ある日、私はこう提案しました。

「あなたが死にたいと思うようになるまでには、何か理由があったのでしょう。一度、お寺に来てゆっくり話してくれませんか。もっとわかり合いたいから」

すると、びっくりしたような声で、こんな返事が返ってきたのです。

「えっ、会うんですか⁉ そんなこと、私にはできません」

そして、私がさらに、「もし自分の命だから自分でどうしようと勝手だなんて考えているのなら、それは大きな間違いですよ」と言葉を続けようとしたとたん、電話を切られてしまい、その日から〝定期便〟の電話は来なくなりました。

どうしているのか気にはなりましたが、電話が来ない以上どうしようもありません。

私が「とにかく早まらないでほしい」と願っていたところに、彼女の友人を名乗る女性から電話がかかってきました。

その友人の話によると、「彼女が自殺サイトに参加しようとしていることがわかった。なんとかそれを止めようと説得していたら、長寿院の住職さんに会うといい出した。なんとかすぐに会ってやってくれないか」ということでした。

約束した日曜日の午後、長寿院に二〇代の女性三人がやってきました。そのうちのひとりが〝定期便〟の女性で、あとの二人は中学時代からの友人です。そして、憔悴しきった〝定期便〟の女性に代わって、これまでの事情を説明してくれたのは友人の二人でした。

彼女は、中学・高校を通じて成績抜群だったといいます。そんな彼女に両親は大きな期待を寄せ、東京大学進学を望みました。特に父親が強く求めたといいます。彼女もそんな親の期待に応えようとがんばりましたが、残念ながら結果は出せませんでした。

すると両親は、手のひらを返したように、東大進学に失敗した彼女に無関心になったというのです。

友人のひとりが訴えます。

「それからです。彼女が〝自分はダメな人間だ。この世に生きていても価値のない人間だ〟というようになったのは……。そしてとうとう、自殺サイトでいっしょに死んでくれる人を探すといいはじめたのです」

友人たちの顔は真剣でした。なんとか彼女の心を、死んでしまいたいという呪縛から解き放とうと必死になっているのがわかります。

私は、そんな二人を見ながら確信しました。

「よかった！　この二人がいれば大丈夫だ。〝定期便〟の彼女を深い苦悩から救ってくれるにちがいない」

と。

それから、時間が経つのも忘れて、私たちは語り合いました。私が、

「人生は人によってさまざまです。短距離ランナーや中距離ランナー、それに長距離ランナーもいるんですよ。他人と比べる必要なんてない。まったく必要ない。自分の走り方でいいんだよ」

と話すと、二人が口々に励ましの言葉を投げかけます。

「そうよ。居直っちゃいなさいよ。あんたが五〇歳になったとき、学生時代に高学歴で鼻高々だった子が脱落しているかもしれない。いまの時点で人生の結果を決めつけ

てクヨクヨするなんて意味ないよ」

「私たち、まだ若いんだから、選択肢はいろいろあるじゃない！　ゆっくり行けばいいよ。急ぐことなんてないんだよ。だいたい、あの世なんてあるかどうかわかんないじゃない。あの世の前にこの世で精いっぱい生きていこうよ。そうじゃなきゃもったいないよ！」

そんな友人たちの言葉に、〝定期便〟の彼女はボロボロと大粒の涙を流しました。

そして、その涙とともに、彼女の心から辛い気持ちも流れ出していったようです。

それから二か月後、〝定期便〟の彼女から、「元気になりました！」と連絡がありました。二人の友情と思いやりが彼女の命を救ったにちがいありません。

第二二話

深夜の特急電車で出会った〝子守地蔵〟

世の中には、心ない人もいれば、心ある人もいる

「うるせーよ！　トイレで泣かせろ」

午後一〇時、京成上野駅発・京成成田行きの「イブニングライナー」の中で、突然、男の怒号が上がりました。

それは、私のすぐ前の座席で幼児の泣き声が上がった直後のことでした。空席が目立ち、寝ている人も多かった車両の空気は一瞬にして凍りつきました。乗客の視線がいっせいに泣き声のする座席に向けられます。

その座席から、途方にくれた顔をした女性が立ち上がりました。その胸には、泣きじゃくる赤ちゃんが抱かれています。男のただならぬ大声でびっくりしたのでしょう。赤ちゃんの泣き声はさらに大きくなりました。

脅え、青ざめた顔をした母親は、男の声から赤ちゃんを守ろうとするように固く抱きしめ、立ち上がってデッキに出ようとします。

そのとき、私の隣の席に座っていた白髪の男性が、「モンゴルの方ですか？」とつぶやき、母親に話しかけました。母子はモンゴルの民族衣装を身につけていました。かすかにうなずく母親に白髪の男性がこういいました。

「お母さん、私に抱っこさせてくれませんか？」

母親は少し驚いたような顔をして、流暢な日本語で答えました。

「ありがとうございます。この子、眠いのです。デッキで眠らせてきますから……。ご迷惑をかけて申し訳ありません」

深々と頭を下げ、遠慮する母親に、男性は小声でいいました。

「そりゃあ、この時間ですから眠いに決まっていますよ。私も毎日、孫を寝かしつけるのに苦労しましたよ。でも、孫は〝じいじ、じいじ〟といいながら寝ついてくれたものです。

だから、ほんの少しの間、お子さんを〝じいじ〟に預けてくれませんか……」

見るからに穏やかで、紳士的な男性の態度に、母親は少しだけ警戒心を緩めたようでした。

「よろしいんですか、ほんとに」

そういうと、母親は男性にわが子をそっと手渡しました。男性はその子を抱き上げると、静かにデッキへと向かいました。

男性と赤ちゃんがデッキに消えると、車内に静寂が戻り、乗客たちの多くはほっとしたように目を閉じました。残された母親は顔に両手をあて、声を忍ばせて泣いています。

私はデッキに向かった男性と赤ちゃんのことが気になって、あとを追いました。車内とデッキを隔てる自動ドアが開くと、男性が赤ちゃんをあやすように子守歌を歌っているのが聞こえてきました。

雨がふります　雨がふる
遊びにゆきたし　傘はなし
紅緒《べにお》の木履《かっこ》も
緒《お》が切れた

雨がふります　雨がふる
いやでもお家で　遊びましょう
千代紙《ちよがみ》おりましょう
たたみましょう

男性の眼からは、涙が、ひと筋、ふた筋と流れていました。その姿を見た私は、声もかけられないまま、自分の席へと戻りました。

しばらくすると、男性も車内へと戻ってきました。その胸で赤ちゃんはすやすやと寝息を立てています。そして男性は赤ちゃんを母親へと渡しました。


男性と母親の会話が聞こえてきました。

「モンゴルに帰られるんですか？」

「ええ、そうなんです。じつは、私の夫は日本人です。親子三人で仲よく暮らしていましたが、あの地震があったあと、モンゴルの両親が、どうしてもモンゴルに帰ってこいというんです。放射能いっぱいの日本で幼い子を育てることは許さないと……。主人もそのほうがいいといいます。しかたがないんです」

事情を聞いて、男性は赤ちゃんにそっと話しかけます。

「元気で大きくなるんだよ。いつか日本に帰っておいでよ。待っているからね……」

二人の会話が途切れたところで、私は思わず、

「子守歌、お上手ですね。あの子、ぐっすりと眠っていますよ」

と男性に話しかけました。それに応えて男性は問わず語りに語りはじめました。

「ほんとうは、私には子守歌を歌ってあげられるような資格はないんです。

私は、娘と大切な孫を失いました。車を運転していたのは私です。私が二人の命を奪ってしまったんです。だから、あの子を抱かせてもらうような資格はないんです。

今日はついわがままをいってしまいました。でも、あの子を抱いて、いっときでも〝じいじ〟に戻れたような気がします……」

男性はそう話し終えると、車窓の向こうに眼を向けました。男性の肩はかすかにふるえているようでした。

車窓の向こうは漆黒の闇でした。でも、目をこらしていると、ときどき街の灯りがよぎっていきます。そう、どんなに暗い夜にも光は存在しているのです。私は、そっと目を閉じ、こう思いました。

心ない男の怒号を浴びて傷ついた母と子に、優しい心を寄せた白髪の男性が子守地蔵なら、その男性の心の渇きをほんの少しでも癒やした母と子は菩薩だったにちがいない――。

私は、終着駅の京成成田駅で電車を降りる母親にお願いしました。

「この子が大きくなったら、日本の深夜の電車の中に、〝じいじ〟という子守地蔵がおいでになったことを教えてあげてくださいね」

と。

そんな私のお願いに、彼女は深くうなずいてくれたのでした。

第二三話　最悪の事態を防いだ姉の一言

「力を合わせれば、人生はなんとかなる」

「父親を殺してしまおう。そして自分たちも死んでしまおう」とまで思い詰めていた姉妹のことをいまでも忘れることができません。

あれは蜩《ひぐらし》が鳴きはじめたころのことでした。長寿院に二五歳と一八歳の姉妹が思い詰めた顔をして訪ねてきました。

本堂に招き入れられ、私の前に座った姉妹は、二人して大粒の涙を流しながら私に訴えました。

「少し前まで、父と母、それに私たち姉妹の四人家族は平穏な日々を送っていました。父は大手自動車メーカーの下請け工場を経営していました。工場は決して大きくありませんでしたが、メーカーからの発注は順調で、父は朝から晩まで一生懸命働いていました。

うちはお金持ちではありませんでしたが、私たちはなんの不自由もない日々がずっと続くと思っていました。

ところが、メーカーが部品の供給拠点を移転してしまったのです。そのため、一気に仕事がなくなって、倒産してしまいました。うちだけではありません。まわりにたくさんあった下請け工場もどんどん倒産していきました。みんながメーカーのことを批判していました。そしてそんな中で、うちの父がどんどん変わっていったのです」

お姉さんのほうが、

「父親は、早朝からお酒を飲んでは、大声でわめき散らすようになってしまった」

と詳しく打ち明けはじめました。

最初のうちは、父親の怒りはもっぱらメーカーに向けられていたといいます。

「利用できる間はさんざんこき使っておいて、いらねぇからといって、捨てちまいやがった。ふざけやがって……オレたちゃゴミクズじゃねぇんだぞ！」

父親はブツブツとメーカーに対する不満を口にしては、酒を飲んでうさを晴らしていました。姉妹にも、そんな父親の怒りは十分に理解できました。

一家を苦境に陥れたメーカーに対して「なんてひどいことをするんだ」と思っていましたから、「そうよねぇ」と父親の言葉にあいづちを打っていたといいます。そういってばかりもいられないことはたしかでしたが、「そのうちお父さんは立ち直ってくれる」と信じていたといいます。

しかし父親の飲酒はますますひどくなっていったのです。しかも父親の怒りの矛先は母親に向けられるようになっていきました。朝から酒を飲んで泥酔した父親は、母親にいいがかりをつけます。

「オレのことをあざ笑ってるんだろう。ダメな亭主だって」

「なんだ、その目は!? オレのことを見下してるんだろう。出ていけ。どこへでも行っちまえ!」

耳を覆いたくなるような罵声が家の中を飛び交うようになりました。

それればかりではありませんでした。ひどい暴力も振るうようになりました。酒を飲んでは妻の頬をひっぱたき、倒れた体を足蹴《あしげ》にします。

「お父さん、やめて! お母さんが死んじゃう!」

姉妹が必死で止めようとしましたが、長年、力仕事を続けてきた父親の腕力にかなうわけがありません。また、止めようとすればするほど暴力がひどくなります。

もう毎日が地獄のようだったといいます。


そんな二か月ほど経ったある日、母親が離婚届と「もう耐えられない」という書き置きを残して家を出ていってしまいました。そして、母親が姿を消したあと、父親の暴言と暴力は残された姉妹に向けられることになりました。

父親は酒瓶をかたときも離しません。そして、ろれつの回らない声で二四時間わめき散らします。

「おい、おまえを大学まで行かせてやったんだ。カネを持ってこい！」と姉を怒鳴りつけたかと思うと、妹に対して「もう、一八歳だろう。歳を隠しゃなんでもできる。金稼いでこい！」などと、とんでもないことを口走るようになりました。

そんな地獄のような日々が半年ほど続いたある夜のこと、妹が姉に告げました。

「お姉ちゃん、私、今夜、お父さんを殺す」

蒼白な顔をした妹はブルブルと体を震わせながら、「もう工場から鉄の棒を持ち出して、自分の部屋に置いてある」と姉に打ち明けました。

姉は最初、妹が何をいっているのか理解できませんでしたが、すぐに、その鉄の棒で父親を殴り殺すといっているのだとわかりました。ゾッとするとともに、妹がそこまで追い込まれていることに気づかされたといいます。

妹の言葉に慄然としながらも、姉はとっさに妹を強く抱きしめて、こういいました。

「ダメよ。どんなにひどいことをいったりしたりしても、私たちのお父さんよ。殺すなんて絶対ダメ！」

その姉の一言が最悪の事態を止めたのです。


私は、ずいぶん長い時間、二人の話を聞いていたと思います。いつの間にか、にぎやかだった蜩の鳴き声は消え、あたりは夜の帳《とばり》と静寂に包まれていました。私は二人に温かいお茶をすすめながら提案しました。

「専門医ではないから、いいにくいけれども、お父さんは、アルコール依存症かもしれない。であれば、すべてはそのせいだ。お父さんのせいではない。まず、その治療をさせよう。治療を受ければ、以前のお父さんに戻ってくれるよ。アルコール依存症の人たちをサポートしてくれる組織があるから相談してみよう」


姉妹は、それを待っていたかのようにうなずきました。

私は、姉妹の了解を得たうえで、すぐにアルコール依存症リハビリセンターと連絡を取りました。そしてその後、姉妹の父親はスタッフたちの協力を得てリハビリセンターに入所しました。

日本の飲酒人口は六〇〇〇万人程度とされていますが、そのうちアルコール依存症の患者は二三〇万人にのぼるといわれています。

そして過度の飲酒は肉体をむしばむばかりではなく、うつ病や不安障害などの精神疾患も引き起こし、社会生活を営むこともできなくなってしまいます。姉妹の父親もまさにその状態になっていたのです。

姉妹は私にいいました。

「じつは母が置いていった離婚届はまだ提出していません。父が治って帰ってきたら、いつか母も帰ってきて、また家族四人で暮らせる日が来ますよね。それまで二人で力を合わせてなんとかがんばります」

第二四話

いじめられていた過去と決別した日

どんなに辛くても忘れてはならない一つのこと

「私は息子のおかげで、いじめられていた過去を振り切ることができました」

そう話すのは、小学六年生の息子を持つ女性です。

彼女の両親は、ともに歩行に障害を持っていましたが、毎日のように「五体満足で生まれてくれてありがとう」と話しかけ、慈しんで育ててくれました。

でも彼女が小学一年生になったある日、授業参観に来た両親を見て、同級生から「お前の父ちゃんも母ちゃんもへんな歩き方」といじめがはじまったのです。からかわれ、学校から泣いて帰ってきた彼女を、お母さんは「ごめんね、ごめんね」と泣きながら抱きしめました。

同級生からのいじめは、エスカレートするいっぽうでした。石を投げつけられたこともありましたし、犬の糞《ふん》を食べさせられそうになったこともあったといいます。修学旅行にも「お前は来るな」といわれて参加しませんでした。

そんないじめは、中学校、高校でも続きました。トイレに入っているときに上から水をかけられたり、ジャージのズボンをズタズタに切られたりしたこともありました。

彼女は、

「自殺しようと思ったこともあります。カッターで手首を切ったこともありますし、首を吊ろうと縄を買ったり、ビルの屋上に上がったりしたこともありました。でも、両親のことを思うと死ぬことはできませんでした」

と振り返ります。

それでも彼女は、そんな辛い時期をなんとか耐え抜いて就職。そこで出会った男性と結婚して、彼女の両親との同居をはじめました。男の子にも恵まれました。そのころは幸せだったといいます。

ところが、その子が小学三年生になったある日、夫から突然、「両親と別居するか、離婚するか」と迫られたのです。障害を持ち、年老いていく彼女の両親との同居を嫌ってのことでした。

でも彼女に両親を見捨てるという選択はありえないことでした。結局、夫と離婚して、両親と息子の四人での生活がはじまりました。

両親の年金と、彼女がパートを掛け持ちして得るお金が生活の糧でしたが、両親は相次いで健康を害し、彼女は両親の介護と仕事をなんとか両立させていましたが、離婚して二年後、両親が相次いで亡くなってしまいました。

そのとき、彼女は精神的にも肉体的にもギリギリだったのかもしれません。両親の死で年金が入ってこなくなって経済的な苦境も続き、ふたたび自死の誘惑が彼女を襲いました。

「深夜に帰ってきて、台所の椅子に座っていると、いじめられていたころの記憶が次々によみがえってきて、〝なんて私は不幸なんだ。もう死んでしまいたい！〟と考えるようになってしまったのです」

そんな日が何日か続いていたある日、彼女が立ち直るきっかけになった出来事が起こります。

彼女が仕事から帰ってきて、台所の椅子にぐったりと座り込んでいたとき、息子が背後から彼女の肩をもみながら、こう話しかけてきたのです。

「お母さん、お帰り。僕が高校生になるまで待っててね。アルバイトしてお母さんを助けるから」

聞くと、その日、学校で家族のことを作文に書くようにいわれ、こう書いたといいます。

〈ぼくの家族はお母さんです。お母さんはぼくの一番大切な家族です〉

「息子の言葉を聞いて、私は、うれしくてたまりませんでした。そしてあふれてくる涙をこらえながら思ったのです。〝あぁ、私もお母さんに同じことをいっていた〟と……。私は、そのとき、〝ほんとうの母親になった〟と強く感じると同時に、いじめられた過去と決別できたような気がします」

彼女は、自分のすぐ近くに菩薩さまがいることに気づいたのです。

そう……どんなに辛いときでも、あなたを救い、守ってくれる人は必ずいます。

あなたは決してひとりではありません。

このことだけは絶対に忘れないでほしいと、私は思います。

第二五話

シングルマザーたちを襲う貧困

いまの社会をつくったのは「みんなの責任」です

格差社会の問題が叫ばれるようになって、ずいぶん経ちます。豊かな人はますます豊かになり、貧しい人はますます貧乏になって、貧富の差が大きくなっているのです。

日本の相対的貧困率は、総務省のデータ「二〇一九年全国家計構造調査　年間収入・資産分布等に関する結果」によると、一一・二パーセント（うち、子どもの相対的貧困率は一〇・三パーセント）とされています。

しかし、その後の新型コロナウイルス流行や、ロシアによるウクライナ侵攻をきっかけとした世界的な物価高騰が進む中、さらに相対的貧困率が高くなっているのではないかと心配です。

長寿院には、貧困で苦しむ人からの相談も多く寄せられます。

ある日の午後一一時頃、枕元の電話が鳴りました。私が受話器を取ろうとすると切れ、しばらくするとまた鳴ります。

電話をしたものかどうか逡巡しているのでしょう。鳴っては切れ、切れては鳴ってを繰り返していましたが、何度目かにやっとつながった電話の向こうから、女性のいまにも消え入りそうな声が聞こえてきました。

「小学六年生の息子と二人暮らしですが、もう生きていけません。明日は息子の修了式です。帰ってきたら、息子といっしょに死にたいと思います」

電話の向こうで女性は激しく嗚咽しています。

しばらく泣くにまかせたあと、私は静かに聞きました。

「なぜ、そんな気持ちになったんですか？　教えてください」

彼女は三〇歳になる一児の母でした。私の問いかけに彼女は話しはじめました。

彼女が一七歳になったころから、両親の仲は最悪だったといいます。きっかけは父親が仕事を失い、酒浸りになり、暴力が絶えなくなったからでした。

そんな家に嫌気が差した兄は家を出てしまい、彼女自身も高校を中退して深夜の繁華街を徘徊するようになりました。そして居場所を失った彼女は暴走族に入り、右腕に深紅の薔薇《ばら》の入れ墨を入れました。

二〇歳になると、彼女は暴走族のリーダーと結婚します。父親にそのことを告げると、「勝手にしろ。オレには関係ない！」といい放たれたといいます。

ほどなくして彼女は妊娠しました。喜んで、夫に子どもができたことを伝えましたが、思いもしない言葉が返ってきました。

「すぐに堕ろせ」

彼女がそれを拒否すると、夫は家に寄りつかなくなりました。たまに帰ってきては、彼女がパートで稼いだお金を奪い、ののしりの言葉を残していきます。それでも彼女は子どもを産みました。男の子でした。その後、彼女はパート仕事を掛け持ちして、懸命に働きました。

「とにかく息子を無事に育て上げたい一心でした。息子が小学校に上がると、夫は離婚届を持ってきましたが、私はなんの迷いも未練もなく判を押しました。私の人生は、私と息子の二人だけでした」

彼女は、そう振り返ります。

しかし、息子が小学六年生になった始業式の日、彼女は職場で意識を失い、倒れてしまいます。救急車で病院に救急搬送され、一命はとりとめたものの、脳梗塞で後遺症が残りました。

そして退院後、わずかな貯金は瞬く間に消えてなくなり、どうしようもなくなった彼女は、思い余って長寿院に電話をかけてきたのです。

「息子は一日一食の学校給食しか食べていません。明日からは、学校も休みになり、その一食も食べられません。私は体もうまく動かせません。役所の人や学校の先生とも相談しましたが、すぐに打つ手もありません。このままでは息子は餓死してしまいます。限界なんです。もう二人で死ぬしかないんです！」

彼女はふたたび号泣しはじめました。その悲痛な声を聞き、私はすぐに動く必要を感じ、叫びました。

「そこはどこ？　教えてください」

急がないと彼女が早まった行動を取る可能性があります。しかし、そのまま電話は切れてしまい、ふたたび電話が鳴ることはありませんでした。

翌朝七時、電話が鳴りました。いい知れぬ不安の中、ほとんど寝ずにいた私は、すぐさま受話器を取り上げました。そこから流れてきたのは、男の子の声でした。

「住職さん、ぼく、死にたくないです。もっと生きたいです」

その声を聞いてすぐにわかりました。昨夜電話をかけてきた女性の息子さんでした。

「住所と電話番号を教えてくれるかい。すぐに行くから。絶対、死んだりしたらダメだ！」

私がその子から教えてもらった住所は県外でした。どんなに急いで飛び出したとしても、間に合うかどうかわかりません。

そこで私は、すぐさま、その住所の近くの寺の住職さんに連絡し、住所と電話番号を伝え、「すぐに対処してほしい」と依頼しました。住職さんは即座に「わかった！」と応えてくれました。

住職さんは、私から連絡があったあと、すぐに民生委員さんにも連絡して、母子の家に駆けつけてくれました。その素早い動きで、幸いなことに、母子心中を未然に防ぐことができたのです。

あとになって息子さんが話したところによると、女性は私との電話を切ったあと、息子に対して、

「もう、がんばれない。死んでしまいたい。お母さんといっしょに死のう」

と迫ったといいます。

でも、そのとき息子さんは、彼女にこう訴えたそうです。

「お母さん、ぼくは生きたい。どんなにお腹が減ってもがんばる。お母さん、生きていようよ。中学を卒業したら働くから。お母さん、死ぬのはやめようよ」

と。

その息子の言葉が、ギリギリのところで彼女を踏みとどまらせ、住職さんと民生委員さんが駆けつけるまでの時間をつくることができたのです。

私には、息子さんの「お母さん、ぼくは生きたい」という言葉は、息子さんの口を通して発せられた〝御仏《みほとけ》の言葉〟だったのだと思います。

その後、母子の住む地元の行政も動いてくれたと聞いています。いまは支援を受けながら母子二人で支え合い、一生懸命に生きていることと思います。

生きようとすれば、必ず道は開けます。

決して自死を選んではいけません。

また、こんな社会をつくったのは、私たちみんなの責任でもあります。辛い思いをしている人を見捨てることのない社会をつくる責任が国や行政にあるということを忘れてはならないと、私は強く思います。

第二六話

「死に場所を決めた」という四国からの電話

仏さまは、常にあなたのそばにいる

「住職さんですね。話を聞いていただきたいと思ってお電話しました。四国からかけています……。四四歳、K男といいます」

かぼそい声でした。私は静かに問いかけます。

「四国から電話くださったの？　遠いところからありがとう」

電話の向こうから声が続きます。

「はい。四国の足摺岬《あしずりみさき》からかけています。岩の上に立っています。ここを私の死に場所と決めました」

私は思わず声をあげました。

「えっ、足摺岬！　四国八十八カ所霊場の三十八番、金剛福寺《こんごうふくじ》さまがあるところじゃないですか。四万十川《しまんとがわ》に沿って長い道を歩いて歩いて着く札所《ふだしょ》ですよね。思い出すな。長い距離だったなぁ……」


そんな私の声に、彼の声も変わりました。

「えっ、住職さん、よくご存じですね。ええ、そのとおりです。なぜですか？」

「私も若いとき、苦悩を背負って〝歩き遍路《へんろ》〟に出たことがあるんですよ。七二日間かけて結願所《けちがんしょ》八十八番大窪寺《おおくぼじ》さまにたどり着きました。長い遍路の旅を終えた満願の喜びがいまも私の生きる杖《つえ》です」

そう答えながらも、男性が口にした〝死に場所〟というひとことが気になった私は、急いで言葉を続けました。

「尊い札所のその場所が死に場所とはどういうことですか？　死を決断するほどにあ

なたを追い詰めた理由があるのですか？」

少し間をおいて、男性は語気を強めて答えました。

「仕事を失いました。私の生きがい、私の人生で続けられるときまで続けようと思っていた仕事をコロナが奪ったんです。もう生きる気力がありません」

電話の向こうで、男性は泣いていました。しばらく男性が落ち着くのを待って、私はふたたび問いかけました。

「強い生きがいを感じるほどの仕事とはなんですか？」

彼は答えます。

「お遍路バスの運転手です。毎日毎日、お遍路さんをお乗せして札所へご案内していました」

彼が毎日つけていた日記によると、一八五〇人のお遍路さんを案内してきたし、一番の霊山寺《りょうぜんじ》から結願所の大窪寺まで八〇回以上も回ったといいます。

「また、ご記帳のお手伝いもさせていただきました。とにかく毎日が充実していたのです。それがお遍路さんの激減で、バス会社から退職勧告を受けることになってしまったのです。どうせ独りもんだし、もう生きている意味がなくなってしまいました」

そこまで話した彼は号泣します。

彼の苦しみが足摺岬の怒濤のように私の胸に打ちつけます。そんな彼に、私は言葉を探しながら問いかけました。

「お遍路さんを結願所まで送り届け、お遍路さんを見送るとき、お遍路さんはあなたに黙って帰りますか？　それとも何か告げてくれましたか？」

「みなさん声をかけてくださいました。

〝安全運転でありがとうございました。長年の願いがかなってうれしいです〟とか、〝三年後にまた来る予定です。そのときも運転手さんが案内してくれたらうれしいです〟とか、〝八〇歳を超えて、私たち夫婦の最後の旅になりました。最高の終活でした。お世話になりました〟とか……。

みなさん、そんな温かい言葉を残してくださいました。その瞬間の喜びと幸せが私を支えてくれていたのです。

でももう、そんな言葉を聞くことができません。生きていてもしかたがないんです。思いもかけず、最後にお遍路を経験したご住職に話を聞いていただけました。もう思い残すことはありません。ありがとうございました……」

最後は消え入るような声でした。

私はあわてて声をかけます。

「ちょっと待って！　お遍路さんは杖を頼りに歩きますが、杖になんて書いてあるか知っているでしょう？」

「はい、〝同行二人《どうぎょうににん》〟です。弘法大師さま、仏さまがごいっしょに歩いてくださるということですよね」

「そうです。あなたも杖を持っているでしょう？　いや、持っていたでしょう？」

「私は持っていません。持っていたのはお遍路さんたちです」

そこで私は反論します。

「いや、持っていた。あなたが握り続けたハンドルは、あなたの杖じゃありませんか？　ハンドルにも〝同行二人〟の教えが染みこんでいると思いませんか？　いまにまた、ハンドルという名の杖を持つ日が来ます。きっと来ます。そのとき、あなたに会うことを心待ちにしているお遍路さんたちを誰が迎えるんですか？　弘法大師さまとお遍路さんとあなた、つまり〝同行三人〟で巡礼は結願するんです。さあ、どうしますか。同行三人から逃げるのですか？　お大師さまに怒られますよ。いや、もうお叱りになっています！」

私の話を聞いて、感じるところがあったのでしょう。彼はまた怒濤のように号泣しながら、こう答えました。

「はい！　私、生きていきます。いえ、生きて生きて生かさせていただきます。同行三人の一人のお役目を、もう一度やらせていただきます！」

新型コロナウイルスとの長い闘いを経て、人々は以前のような生活を取り戻しつつあります。春も近いいま、私は彼がふたたびハンドルという遍路杖を握って、お遍路さんたちの先達となる日がやってきていると信じています。

第二七話

〝福田〟をひとりで耕し続けた人

孤独は心が勝手につくるもの

田植えが終わり、田園を渡る涼しい風が心地よく感じられる季節になると、私は米づくりの匠であり、福田《ふくでん》（福徳を生じる田畑）をひとりで耕し続けたＩさん（享年九四）のことを思い出します。

話は太平洋戦争の終結直後まで遡《さかのぼ》ります。

Ｉさんが中国大陸の戦地から故郷に帰ってきたとき、両親はすでに亡くなっており、兄弟のいないIさんは天涯孤独の身の上となりました。残されていたのは、先祖から受け継がれてきた田畑と少しの山、そして古い家屋二棟のみ……。

そのときIさんは二四歳でしたが、専業農家として生きることを決意します。そして、休耕田を借り受けるなどして耕作地を広げると、誰にいわれたわけでもなくそこで収穫したお米の一部をあちこちの児童養護施設に届けるようになりました。

それから長い年月が流れました。そしていまから三〇年ほど前のこと……六四歳になっていたIさんが私に話しかけてきました。

「住職さんのお袈裟《けさ》をよく見ると、四方形の寄せ集めだけど、なんか意味があるのかねぇ。まるでパッチワークのようだなぁ……」

「これは田んぼを表しているんですよ。Iさんは田んぼを耕してお米をつくり、多くの人たちのお腹を満たしていますが、じつは僧侶も、心という田んぼを耕しているんです。お檀家のみなさんの心に、〝仏さまの教え〟という種をまいて、花を咲かせ、実らせて心を豊かにする。それを象徴しているのがお袈裟であり、別名〝福田衣《ふくでんえ》〟と呼んでいます。

Iさんは、これまで収穫したお米をあちこちの児童養護施設に届けておいでになりますよね。子どもたちはお腹いっぱいごはんをいただけて幸せです。まさにIさんの田んぼは〝福田〟そのものです！」

Iさんは、私の言葉に笑みを浮かべてつぶやきました。

「えー、オレの田んぼは〝福田〟か。住職さんのお袈裟と同じか。ふーん……」

Iさんは、なぜか生涯を独身で過ごしました。

近所の人たちが次々にお見合い話を持ち込むのですが、「オレは嫁いらねぇ」と話を聞こうともしません。

周囲の人は、Iさんが出征するとき、結婚を約束した女性がいたのだけれど、帰ってきたときに他の人と結婚していたことを知り、女性不信になったんだ……そんなことを口にしますが、真偽のほどはわかりません。Iさん自身、語ることもありませんでした。

Iさんは毎年夏になると、茹《ゆ》でたそら豆と日本酒を手に、長寿院の庫裏《くり》にやってきて人生を語ります。

私はあるとき、酒の力を借りてIさんに聞いてみました。

「生涯独身でさびしくなかった？　ひとり暮らしって孤独感に襲われない？」

お酒をグビリと飲み干したIさんが答えます。

「オレ、ひとりじゃねぇもんよ。村のもんみんなが仲よくしてくれるもんだからよ、さびしいなんて思っちゃいねぇ。

あのなあ住職、坊主に説法だけどよう、人間はひとりじゃあ生きていけねぇんだよ。頼ったり頼られたり、いや迷惑をかけたり、かけられたりしてこそ生きていけるんだよ。

気にすることはねぇ。他人さまにうーんと世話になったり、迷惑をかけたりして生きていけばいい。そうすりゃあ、孤独感なんてすっ飛んでしまうよ！　おい、もう一杯ついでくれよ！」

三〇年近く前のことです。北朝鮮の食糧不足が老人や子どもを直撃して、多くの餓死者が出ているという情報が流れました。私は僧侶仲間と支援活動に着手しました。支援の呼びかけをはじめると、本堂が食糧倉庫に早変わり！　Ｉさんからも大量のお米が持ち込まれました。そのとき、Ｉさんはいいました。

「政治のことはわかんねぇ。でも隣の家が困っていたら、誰でも助けるべぇ。困っている人を助けねば人間ではねぇべえさ。住職さん、オレのトラックで新潟港まで運んで行くっぺぇよ」

私が所属しているシャンティ国際ボランティア会（ＳＶＡ：Shanti Volunteer Association）と、中国紅十字会の手によって北朝鮮に送られるお米を、幾度、Ｉさんの運転するトラックで新潟港の倉庫に運んだことでしょうか。

その後も、Ｉさんのお米は、阪神・淡路大震災や兵庫県北部の大水害、新潟県中越地震、そして東日本大震災の際にも支援物資として現地に届けられました。

Ｉさんは耕作する田んぼの中から、もっとも収穫が期待できる田んぼ五反《たん》を選び、そこで収穫したお米を備蓄していました。Ｉさんが語ったことが忘れられません。

「ほんとうは、オレの米が支援物資として役立つようなことは起きないほうがいいんだよ。でも、もしものときのために続けるよ……。

それにしてもよ、日本の食糧自給率はうんと落ちているのに休耕田ばかり増える。この休耕田をみんなで耕して福田にしたらよかんべぇといつも考えてしまう。日本人は米づくりが上手だもんね。一軒の農家が一反の福田さつくってくれたら、いざというとき助かるべぇなぁ。

でも日本人は一年間に二〇〇〇万トンもの食糧を捨てているって聞いたときは、ほんとうに驚いたな。どこかおかしいと思わねぇか、住職さん！」

〝ひとり〟を生き抜いたＩさんは、二〇一八年八月に亡くなりました。でもその生涯は決して孤独や孤立の人生ではありませんでした。Ｉさんのお通夜には数百人を超える参列者が集まり、お焼香は夜遅くまで続きました。

〝ひとり〟〝ひとりぼっち〟……これらの言葉にはそこはかとない悲しさやさびしさがただよいます。ふとしたとき、孤独や孤立を感じるのは、人間誰しもあることでしょう。

けれど、私たちは無人島に住んでいるわけではありません。ほんとうの〝ひとり〟なんてあり得ないでしょう。

つまり、〝ひとり〟というのは、心が勝手につくり出すものなのです。一歩踏み出しさえすれば、一人、二人、三人と目を向けてくれる人が現れます。そして、〝生きる力〟をもらうことができるのです。

第4章

「原因探し」はもうやめましょう

「なぜ、こんなことになってしまったのか？」

どんなに過去を振り返っても、そのほんとうの原因はわかりません。

「原因探し」はそろそろやめましょう。

そもそも、目の前にある苦悩は未来永劫続くものではありません。

苦難を乗り越え、しばらく経ったころにはこう思うでしょう。

「あのとき、あんなことがあったなぁ」と。

まるで自分の人生の隠し味のような思い出として。

そういう意味では、苦しみは、必ずしも人生を不幸にする要因ではありません。

かえって人生を豊かにすることもあるのです。

第二八話

〝苦悩の連鎖〟の断ち切り方

あなたの人生は、あなたがいうほど不幸じゃない

五一歳のある男性が、

「死んでしまいたい。もうこれ以上がんばれない」

と訴えます。

そして、その理由を涙ながらに語ります。

「自分は会社の作業場で事故にあい、大学病院で手術を受けたものの〝手術の失敗〟で足が動かなくなった。また、そのせいでリストラされ、収入が途絶え、妻は息子を

連れて出ていった。高齢の両親も抱えている。もう未来はない」

と。

また、五四歳の男性は、リストラによる経済苦により家族から縁を切られて離婚。アルコール依存症になって、手首を切るなどの自殺未遂を繰り返しているといいます。

「娘が三人いる。電話をするのだが、誰も出てくれない。頭にきて頸動脈を切ったが、救急車で運ばれ、死にきれなかった。こうまでして死ねないのであれば、いっそ罪を犯して逮捕されて刑務所暮らしをしたい。そうすれば、最低、食事と泊まるところは確保できる」

私はこうした相談を受けるたびに、問題の根の深さを思い知らされます。

自死願望の虜《とりこ》となった人の多くは、長い時間をかけてつくり上げられてきた苦悩にがんじがらめになっています。

そのあげくに「苦悩の連鎖」にはまり込み、その中で〝原因探し〟を繰り返し、つごうがいい原因を見つけ出し、それにしがみついて、「だから死んでしまいたい。そうすればラクになれる」というのです。

その呪縛を解くのは容易なことではありません。そのままにしておいたら、ほんとうに命を絶ってしまいかねません。

でも、理解していただきたいのは、そんな人たちもやはり「生きたい！　平和に、穏やかに暮らしていきたい」と思っているということです。長寿院に相談に来るということがその証であり、「死にたい」は「生きたい」の裏返しなのです。

そういう人に対してはしっかり話を聞いて、目の前の具体的な問題を一つひとつ解決して、〝原因探し〟なんてきっぱりやめて、〝苦悩の連鎖〟を断ち切っていくしかありません。

人が生きるうえで、過去の不幸も幸福も人生の一部です。幸福だけを選ぶことができないように、不幸だけを選ぶこともできません。プラスとマイナスのいずれも、わが人生を彩る大切な体験です。そして不幸が何かがわかるから、幸福が何かもより知ることができるのです。

つまり、不幸の中にいるということは、決して、〝消えなきゃいけない、死ななきゃいけない〟ということではありません。むしろ、〝生きて幸福を知るための準備期間だ〟と考えるべきだということです。私たちは、その〝真実〟に早く気づくべきです。

苦悩を抱えて長寿院に来られた方に、私はしばしばこう提案しています。

「あなたがいままで話したことは、過去の不幸なことばかりでした。これからは幸せだったことを話してみてください」

すると、たいてい最初は「幸せなことなんて……」と途方に暮れたような顔になります。なかなか言葉になりません。

でも、目を細め、記憶や思い出の中をウロウロしているうちに、どこかにお母さんと行ったときの楽しい記憶や、好きな人と語り合った素敵な思い出を、ポツリポツリと語りはじめます。

そこで私は、「まだない？」「まだない？」と催促します。そうして一時間ほども話をしていると、五〇～六〇ぐらいの〝幸せだったこと〟が出てきます。

そこで、「ほら、あなたの人生は、あなたがいうほど不幸じゃないよ！」と指摘してあげると、ほとんどの人が「いわれてみればそうかもしれない……」という表情を浮かべます。

幸福が六〇あれば、そりゃあ不幸も同じだけあるかもしれない。人生の帳尻はしっかり合っています。だから、死ぬなんてことを考える必要はないのです。

「会社のノルマがきつくて耐えられない。会社を辞めたい。死んでしまいたい。この寺で修行すれば、それに耐えられる人間になれるかもしれないから、修行させてください」

という青年が先日やってきました。

「なりたいなら、すぐ弟子にします。でもその前に、どんな僧侶になりたいのかを具体的に教えてください」

というと困ったような顔をします。そう、結局ほとんどの人は真剣に僧侶になりたいなんて思っていないのです。

僧侶になれば、一切の苦しみから逃れて、晴耕雨読みたいに生活ができるんじゃないかと思っているかもしれませんが、実際に僧侶として生きていくのはそんなに簡単なことではありません。

たしかに、寺に一週間いれば修行の〝体験〟はできるでしょう。一年間いれば一年分の〝体験〟はできます。でも、それはあくまでも〝体験〟にすぎません。修行ではないのです。

たとえば、坐禅とか断食とか、火渡り修行とかいうものは、僧侶や宗教家のための一種のカリキュラムではありますが、それだけが修行ではありません。朝四時に起床して、洗顔からはじまり、掃除するのも、食事するのも、生活のすべてが修行です。それを二年も三年も続けて、やっと修行の第一段階を越えるかどうかです。さらに僧侶としての修行は一生続きます。終わるということはないのです。

それだけの覚悟を持って僧侶になりたいのならいいでしょう。でも、単に〝いまの苦しさから逃げ出したい〟からという理由で僧侶になることは決して許されません。そんなことをしたって、苦しみはより深まるばかりだからです。

私は、いろいろな境遇の中で生きている人たちにとって、修行の場はそれぞれの人がいまいる場所で行なうものだと思っています。

たとえば、「会社のノルマがきつい」と訴えてきた前述の青年の場合、その会社が違法なブラック企業だったのならさっさと転職すべきですが、そうでないのなら、まずノルマを達成するにはどうすればいいか考えるべきでしょう。

まず自分が選んだ場所こそ、修行道場だと思い、問題を解決するための努力をすべきだということです。

いまいるところで、生きていく力をつけていくことこそ修行です。

第二九話

「再就職が全然決まらないんです……」
人生を生き抜くために必要な三つのチカラ

大阪府に住む、ある三六歳の男性は、「リストラされて再就職先を見つけようとしたが、年齢と経験がネックになってなかなか採用されず、もう死んでしまいたい」と訴えてきました。

「どのぐらい会社を回ったの?」

と聞くと、

「三社回りましたが、どこにも採用されませんでした」

と答えます。

私は笑いながら続けました。

「たった三社ぐらいで採用されると思うんじゃないよ。アッハッハ」

「では何社ぐらい訪ねればいいんですか？」

「二〇〇社訪ねなさい！」

「そんなに!?」

「そうだよ。二〇〇社ぐらい行けば、三社ぐらい再就職候補が出てくる。そんなもんだよ。それをやれるかどうかだ。やれるんなら、五〇社訪ねるごとに、私に連絡してきなさい」

数十日後――。

彼は元気な声で「五〇社訪ねました！」と電話をしてきました。

「そうか、よく五〇社も。えらいぞ。それでどうだった」

「ダメでした」

「そうか、じゃ次の五〇社に行ってこい！」

次の電話では、彼はひどく落ち込んでいました。

「五〇社行きましたが、ダメでした。やっぱり住職がいうようにうまくはいかないですよ」

「何をいってるんだ。目標は二〇〇社だろ。まだだ。がんばれよ！」

そのときはひどく悲観していましたが、結局、彼は一二四社目に正社員として再就職を果たすことができました。

以来、かなりの間、彼は毎朝、

「おはようございます！　先生、私、これから出勤します」

と電話をかけてきました。

私が、

「もういいよ。私も忙しいんだから、いちいち報告しなくてもいいよ」

と笑いながらいうと、

「声が聞けるだけでいいんです！」

という返事……。

私の声で元気になるっていうのなら、お安い御用です。

そう、彼にとって、何社も会社を訪問することが一種の修行だったのです。一二四回、辛い思いをしたかもしれません。でもそのたびに気持ちを立て直し、挑戦を続けたのです。その結果、たくましくなりました。そして、再就職を果たすことができたのです。

当然、仕事ですから、大変なこともあるようですが、彼はこれからもがんばってくれるでしょう。

私は、生きていく力「心力《しんりょく》」をつけることこそ、修行だと思っています。

人間には、三つの力が必要です。

第一に体力。健康な体です。

次が学力。これは学歴ではありません。知力や知識力、情報力などを含めた力であり、問題にぶつかったときの解決力といってもいいでしょう。

そして最後に欠かせないのが「心力」です。わかりやすくいえば、生きていくための精神力です。自分の人生は人に代わってもらうわけにはいきません。その覚悟といってもいいでしょう。

そして、この心力というものは、誰かに与えられたり、教えてもらえたりするものではありません。

あなた自身の人生を通して精いっぱい生き抜くことで鍛え上げていくしかないのです。

第三〇話 リストラで失った〝生きている証〟

仕事以外の大事な人たちを忘れていませんか？

その日はしんしんと冷え込んでいました。冬の日の深夜二時に、ひとりの男性が長寿院を訪ねてきました。

五五歳だというその男性は、私の前で居住まいを正すと、

「自分はもうホームレスか、死んでしまうかのどちらかを選ぶしかありません」

と苦渋に満ちた顔で話しはじめました。

その男性は「五年前まで、ある精密機械メーカーに三〇年間も勤めていた」といいます。私は、そんな男性の話に耳を傾けました。

「自分は仕事が好きで、自信と誇りを持って仕事をしていましたし、腕にも自信がありました。上司や先輩、同僚たちと、ときには激しい対立をしたこともありましたが、いっしょに新しい精密機械を開発していくことに大きな喜びを感じていました。大きな失敗をしたこともありませんでしたし、なにより会社が好きでした。だから、その会社で自分のビジネス人生をまっとうするつもりでした。

それなのに、五〇歳になったとき、突然、閑職に回され、続いて人員整理で解雇され、私の人生は壊れてしまったのです。

まず襲ってきたのは金銭苦でした。息子は在学していた大学を中退せざるを得なくなりました。また、家や車のローンの支払いに追われるようになり、夫婦仲も悪くなり、離婚することとなったのです。

考えてみれば、会社をクビになったとき、私がこの世に存在する意味を証明するものがなくなったのです。

それでも五年間生きてきましたが、この世に生きている実感がありません。生きている意味も感じられなくなりました。そんな私は、もう消えてしまってもいい存在になってしまった……そう思えるのです」

感情を無理に抑えた、抑揚のない彼の声が、静かな本堂の中を流れます。

彼にとっては、その会社で仕事をすることこそが〝この世に生きている証〟だったのでしょう。

それにもかかわらず、クビを切られたことで、彼は自分の存在意義そのものを見失ってしまったのです。

男性は、切羽詰まった表情で、絞り出すように言葉を続けました。

「自分の人生が意味のあるものだと証明してくれていた時間、場所、仲間を失ってしまいました。そして家族もなくしてしまいました。いまやなんにもない……。ご住職、私はいったいどうしたらいいんですか」

どんな人でもひとりでは生きていけません。自分と自分以外の人とのかかわりの中で生きていくのです。

自分とかかわってくれる相手とは、〝自分の存在を認めてくれる人〟です。そんな人を失ったときの喪失感はとてつもなく大きいものです。

そういう意味では、彼が「消えてしまいたい」という気持ちになったこともよく理解できました。それまでの彼の人生において、自分を証明してくれる自分以外の人間とは、会社そのものだったのでしょう。

だから、会社からクビをいい渡されたとき、彼は自分と自分以外の人とのかかわりのすべてが断ち切られたように感じ、孤立し、絶望してしまったのです。

そんな彼に、私は問いかけました。

「ほんとうに、あなたとかかわっていたのは会社の人たちだけですか？　そんなことはないでしょう。会社の上司や同僚以外にもあなたとかかわりのあった人がいるのではありませんか？　そんな人の存在を忘れてはいませんか？」

「…………」

答えに窮したように、彼は黙り込んでしまいました。

そんな彼に対し、私は言葉を重ねました。

「私たちが生まれたときは単なる〝人《ヒト》〟です。その人がはじめて出会うのが母親という存在です。たとえ母親でも自分とはちがう人と会う。その瞬間から〝間〟が生まれ、人とのかかわりの中で生きていくことではじめて〝人間〟となっていくのです。生きていく中ではさまざまな人との出会いがあります。そして自分と自分以外の人の間をどういう条件で埋めていくかによって、人間は幸福にも不幸にもなるのです」

夜が白々と明けはじめたころ、男性は長寿院を去っていきました。

その後、その男性がどんな人生を送っているのかかわかりません。しかし私は、男性がその後、新たな人との出会いの中でふたたび人とのかかわりを築き、人間として生きていてくれていると信じています。

第三一話

亡き娘から届いた手紙

「残された人」たちに伝えたいこと

あるご夫婦はひとり娘を失ってしまいました。娘さんはがんを患い、二二歳という若さでこの世を去ってしまったのです。

半年経っても両親の涙は止まりません。むしろ悲しみは日ごとに深まっていきます。時折、深いため息とともに口をついて出るのは自責の思いばかりです。

「高校を卒業したとき、イギリスに留学したいといったけど、ひとりで外国に行かせるのが心配だったから、反対して行かせてやらなかった。こんなことなら行かせてやればよかった……」

妻がそういうと、夫が続けます。

「あの子が小学生になったころ、何度もディズニーランドに連れていってとせがまれたなぁ。でも共稼ぎで忙しくて連れていく余裕もなかった。それどころか、あんまりだだをこねるから、ついつい叱りつけたこともあった。きっと、恨んでるだろうな……」

ご夫婦で対話を重ねますが、出てくるのは悔恨の言葉ばかりで、いつも最後は長い沈黙で終わってしまいます。

ある日、ご夫婦で長寿院を訪ねてきて、奥さんが私に向かって、つぶやくようにいいました。

「私たち、あの子のところに行こうと話し合っているんです。もう、あの子がいないこの世で生きている意味が見つからないのです」

私は少し声を強めて問いかけました。

「娘さんのあとを追って自殺しようとおっしゃるんですか!?」

「あっちに行けば、あの子に会えると思えてなりません」

「会えなかったらどうしますか。二度とこの世に戻ることはできませんよ」

「行ってみなければわかりません」

「とにかく、あと追い自殺だけはやめてください。そんなことをしたら、一番悲しむのは娘さんなんですよ。これ以上、娘さんの悲しみを増やすのですか」

そんなやりとりが何度も繰り返されました。ご夫妻の気持ちはどんどん死に向かっているようでした。

そんなある日のこと、思いがけないことが起こりました。なんと、亡くなった娘さんからの手紙がご夫婦のもとに届いたのです。

〈お父さん、お母さん、驚かせてごめんなさい。じつは、私が死んで半年以上過ぎたころに、ポストに入れてほしいと友だちに頼んでおいたのです。

お父さん、お母さん、長い間心配かけてすみませんでした。二二歳の今日までかわいがっていただいて、ほんとうにありがとうございました。

私はもうすぐ旅立ちます。がんに負けてわずか二二年間の人生を終えるのはすごくくやしいけれど、でも、お父さん、お母さん、心配しないで！　私はとても幸せでしたから思い残すことはありません。いいえ、楽しかった思い出がたくさんあるから満足して旅立てるのです。

がんなんていう病気にかかって、ずいぶんたくさんのお金を使わせちゃったね。家を建て替えることを楽しみにしていたのに、みんな治療費に消えちゃってさ……。ごめんね。ほんとうにごめんなさい！

お父さん、お母さん、私、先に逝くけど、待っているからね。お花がいっぱい咲いているお庭があるすてきなお家を建てて待っているからね。きっと来てね。

でも、お父さん、お母さん、ゆっくりでいいの。この世で十分に生きて、ゆっくりでいいから必ず来てね。

泣かないでください。悲しまないで……。

私、ほんとうに幸せだったし、大好きなお父さん、お母さんに、また会えることを信じているから……。
そう！　私はお彼岸にもお盆にも必ず帰るから、私の好きなクリームシチューをつくって待っててね。
ありがとう、お父さん
ありがとう、お母さん
私、先に旅立ちます。
花嫁姿を見せられなくてごめんなさい〉

この娘さんからの手紙を私に見せながら、ご夫婦は号泣しました。私も、とめどなくあふれ出る涙を抑えることができませんでした。

なにより、娘さんのやさしさに胸を打たれました。ほんとうは、激しい苦悩や恐怖が彼女を襲っていたにちがいありません。

それにもかかわらず、娘さんは目の前に迫る死を認め、近い日にこの世から去ることを受け止めました。そして両親の悲しみを思いながら、一字一字、刻むように手紙を書いたのです。

あらためて手紙を読んだご主人はしみじみとつぶやきます。

「ああ、いつかあの子に会えるんだ！」

奥さんもいいます。

「この世で十分に生きて、たくさんの思い出をつくって、娘のところに行きます」

私は、笑顔で両親への手紙を書く娘さんの姿を思い浮かべながら、ご夫婦に告げました。

「娘さんが〝お父さん、お母さん、ゆっくり来ればいいのよ〟といっているじゃないですか。娘さんは、向こうで仏さまの弟子になって、穏やかな修行を続けているにちがいありません。ご両親もいっしょに修行を続けてください。そして、いつか娘さんに〝幸せな人生だったよ！〟と報告できる日々を送りましょう。それがなにより娘さんのご供養になるんです」

亡くなった娘さんからの手紙が、ご夫婦をしっかりと立ち直らせたのです。

第三二話　逝ってしまった同級生からのビデオレター

人生は〝生ききった〟かどうかで決まる

ある高校の生徒がやってきて、

「住職さん、ノミネートされたので、卒業生へのビデオレターに出てくれませんか」

と頼まれたことがあります。

私がその高校で三年間、講演をしていたことから、三分間スピーチをビデオに撮らせてほしいというのです。

断る理由なんてありません。私は「身に余る光栄！　喜んでお受けします」といって、次の三つのメッセージを送りました。

「人生はたった一度きり。それも片道切符の旅です。ならば各駅停車で行こう。特急に乗ったら通り過ぎてしまう風景を、しっかり見ておきましょう。各駅停車の人生だからこそ、大切に生きるのです！」

「人生の主人公は自分です。〝おしっこがしたくなった。でも、いま忙しいから誰か代わりに行って！〟これはできない。人生も同じです。人生は自分が主人公になって生きていくものなのです。他人には代わってもらえません」

「人はひとりでは生きられません。自分の力で生きていると思ったら大間違い。多くの人や物に支えられ、助けられての人生です。迷惑をかけてもいい。そのかわり、他人からかけられる迷惑も喜んでいただくのです。他人と比べることはない。堂々と自分の道を歩んで、自分の花を咲かせてください！」


後日、完成したビデオレターには、私以外にも一〇人のメッセージが寄せられていました。そのビデオレターの最後に収録されていたのは、高校三年生になったばかりで逝ってしまった同級生のA君の映像と音声でした。

A君は、笑顔いっぱいで、みんなに語りかけます。

「みんな、卒業おめでとう。ぼくもいっしょに卒業式に出たかったけど、みんなが知っているとおり、脳腫瘍が悪性でさぁ、あんまり長く生きられないんだ。だからビデオレターで卒業式に出させてほしいって、制作委員に頼んでおいたのさ。絶対秘密でね。

今日が本邦初公開！　みんな、高校生活楽しかったね。校門からの坂道の桜が咲くころまで生きて、桜吹雪の中でまたみんなと弁当食べたかったなぁ……。

ああ、いけない！　卒業式だもんね。明るくやらなくっちゃ。

ぼく、すごく楽しい高校生活を送れて幸せだった。十分、人生を生ききったと思うよ。みんな、〝生まれてきてよかった〟〝生きているってこんなに楽しい〟と実感できるような人生をつくってね。また、どこかで会おうね。ぼく、ちょっとだけ先に逝くよ。みんな、ありがとう！」

たいした少年です。

私は、ビデオレターを見て、少年は〝御仏《みほとけ》の子〟だと確信しました。また、彼のメッセージは同窓生たちの心の奥深くに染み入ったにちがいないと思いました。

この話は後日談があります。しばらくして、高校の先生が卒業式の報告に来られ、次のような話をしてくれました。

卒業式に出た生徒たちは、全員涙を流しながら、少年の言葉に聞き入っていましたが、ビデオが終わると、ある女子生徒が立ち上がってこう叫んだというのです。

「私、生きていく。いま、死にたいぐらい苦しいけど、A君の言葉を聞いて、私決めた。私、死なない！　生きていく！　A君、誓うよ。私、生ききるからね！」

次の瞬間、講堂は大きな拍手に包まれました。涙をボロボロと流している彼女に対して、全員が精いっぱいの拍手を送っていたのです。

じつはみんな、彼女が高校生活の三年間、ひきこもりと短期登校を繰り返していたことを知っていましたし、一番苦しんでいることも十分に理解していました。そんな彼女の決意に心からのエールを送ったのです。

先生はこういって帰っていきました。

「いやぁ、泣かされました。いつもはさまざまな問題を起こしてはこっちが泣かされていましたけれど、あのときは、生徒たちが持っている温かい心を実感して、うれしくてうれしくて……」

御仏の子の周囲では、たくさんの御仏の子が誕生するんですね。

第三三話 同性愛者の苦悩

世の中には「他人にはわかってもらえない」ことがある

あるとき、三二歳の女性が長寿院を訪ねてきました。彼女は、

「恋人に裏切られました。もう死にたいくらい、辛いんです」

といっていました。

でも、長寿院が気に入ったのでしょう。それからちょくちょく顔を見せるようになり、私と話したり、イベントの手伝いをしてくれたりするようになりました。

三年も経ったころには、「朝顔市で買ってきました」と鉢植えの朝顔を買ってきて

くれましたし、私が墨で書きなぐりの字を書いていると、その傍らで「生きる」という字を書いたりもしていました。

そんな彼女の様子を見て、私は「もう、この人は立ち直った。大丈夫だ！」と思っていたのです。


でもある日、彼女の両親から電話がありました。彼女が自ら命を絶ったという悲しい連絡でした。

コンビニの駐車場に停めた車の中で大量の薬を服用。酒を飲んだうえに、口の中にたばこを詰めていたといいます。喫煙者ではありませんでしたから、窒息死しようと思ったのでしょう。

車の中には、私宛ての「もう一度、長寿院の住職さんに会いに行きたかった」と書かれた置き手紙もあったそうです。それで、私のもとにも連絡があったのです。

私は、思いもかけない連絡にびっくりして、言葉を失いました。

彼女はどんなに辛かったことでしょう。それに気づいてあげられなかった自分の無力さに、心底落ち込みました。

その数日後、「亡くなった彼女のことで参りました」と、ひとりの女性が長寿院を訪ねてきました。

私はてっきり「友人が亡くなって悲しい」とか、「ここに通っていたそうですが、どんな話をしていましたか」とか、そんな話をされるのだろうと思っていました。しかし、そこで衝撃の事実を知ることとなりました。

なんと、命を絶った彼女は、訪ねてきた女性と恋人同士だった……つまり、同性愛者だったというのです。

亡くなった彼女は、そのことを私には最後まで打ち明けてくれませんでした。いうまでもなく同性愛が悪いわけではありません。それもひとつの生き方ですし、なにより、この世に生を受けた彼女の、人間として大切な個性です。

話してくれれば、私は大肯定しました。でも、彼女は最後の最後までいえなかったのでしょう。

そんな事情を話しながら、目の前の彼女は「私が殺したようなものです」と、号泣していました。二人の間にいったい何があったのかはわかりません。でも、ほんとうに辛そうでしたし、私も辛かった……。


自分以外の人にはわかってもらえない。

人にいえない。

そういう苦悩がこの世にはたくさんあります。「性の多様性を認めるべきだ」といわれるようになり、以前に比べると、世の中の理解が多少進んできたとはいえ、こうした同性愛の問題もそのひとつかもしれません。

その後、亡くなった彼女に代わって、恋人だった彼女がちょくちょく長寿院に顔を出して、イベントの手伝いをしてくれるようになりました。

そんなとき、彼女はとても明るく振る舞い、周囲の人とも積極的にコミュニケーションを取っています。

きっと彼女の心の中には、逝ってしまった恋人の思い出が生き続けていることでしょう。それでも彼女は前を向いて生きています。私は、そんな彼女をそっと見守りたいと思っています。

こうした性同一性障害を抱えた人の相談は増えています。日本には、性同一性障害を抱えた人がおよそ四万六〇〇〇人いると推定されていますが、世の中に十分な理解が広まっているとは、まだまだいえないのが現状です。

そして、彼ら、彼女らは自分自身が望むものとは正反対にある身体の性別に違和感や嫌悪感を持ち、生活上のあらゆる場面において、身体の性別で扱われることに精神的な苦痛を受け続けています。

でも、きっといつかはみんながわかってくれる日がやってきます。私たちは、誰もがそれぞれの個性を認め合う世界をつくらなければならないのです。

第三四話　無着成恭老師との約束

「地獄で会いましょう！」

私は毎年、お盆が来ると、お施食会法要《せじきえ》を修行させていただくために、長寿院と同じ教区にある福泉寺《ふくせんじ》（千葉県香取郡多古町）へと車を走らせます。

「施食」とは、「餓鬼《がき》（生前の悪行の報いで、〝餓鬼道〟に落ちた亡者）に施す」という意味ですが、その起源は、お釈迦さまの十大弟子のひとりである阿難《アーナンダ》尊者と餓鬼との次のようなやりとりにあるとされています。

あるとき、阿難尊者が森の中で坐禅をしていると、目の前に突然、餓鬼が姿を現して、

「三日後、あなたの命はなくなり、私と同じ餓鬼道に堕ちるだろう」

と告げます。

そこで、阿難尊者はお釈迦さまに相談します。するとお釈迦さまは、次のように教えます。

「『無量威徳自在光明加持飲食陀羅尼《むりょういとくじざいこうみょうかじおんじきだらに》』というお経がある。このお経を唱えながら、ひとつまみの食べ物を施すと、それが無量の食べ物となって、無数の餓鬼に施すことになる。そうすれば寿命が長らえ、その功徳《くどく》によって仏道を証得《しょうとく》できるだろう」

と――。

はたして、阿難尊者がその教えのとおりに供養すると、数多《あまた》の食べ物で多くの餓鬼を救うことができ、阿難尊者の寿命も延びたのです。

この説話がもととなり、縁深いご先祖さまはもちろんのこと、祀る人のいない亡き人、無縁の仏さまなど、すべての精霊に対してお供えをして供養する法要として施食

会が営まれるようになったのです。

曹洞宗のお寺では、お盆の時期に行なわれることが多い法要ですが、私にとって二〇二〇年の施食会法要は思い出深いものとなりました。

福泉寺は成田国際空港に隣接しているため、例年は、出発便の騒音で車中の会話もままならないほどでした。

でも、その年は新型コロナウイルスが猛威を振るい、感染防止対策のために飛行便が極端に減少。そのおかげで福泉寺に近づくと梵鐘《ぼんしょう》がはっきりと聞こえてきました。

一打の余韻が長く、遠くまで届きます。

いったい誰が撞いているのか……。

福泉寺に着いて鐘楼《しょうろう》を見上げると、ご老僧が立っておられました。一打を打つと手を合わせ、深々と礼拝される姿は清々しく、凛々しさがただよっています。私は最後の一打まで手を合わせて、ご老僧を待ちました。

梵鐘を打ち終わり、とても穏やかな表情で石段を下ってこられたご老僧に、私は声をかけました。

「無着《むちやく》先生！　成恭《せいきよう》老師……」

すぐさま返事が返ってきました。

「おおー、篠原さん、ありがとう！」

大きな手が私の両手を包みます。

「篠原さん、わたしさぁ、九五歳までも生きちゃったんだよ。いやあ、老いるということはこういうことか、大変なことなんだと、やっとわかったよ。

生老病死《しようろうびようし》だから、私もあなたも死ぬんだよね。〝生まれたら必ず死にます。死亡率は一〇〇パーセントです。宝くじは当たらないけど、死ぬということにははずれがありません〟なんてしゃべっていた私が、いざ死を前にしてみるとザワついちゃってさ。おかしいやら、情けないやら……。

でも篠原さん、お互い坊さんでよかったね。死んでも次の布教場所があるからね。次は地獄だよ。地獄に来る人を極楽に送る仕事が待ってるでしょう。何度も約束したけど、篠原さんも地獄へ来るよね！」

私はすぐさま答えました。

「はい、まっすぐ追いかけます。また地獄でボランティア活動やりましょう！」

「そうだね。地獄で会おうね。篠原さん、待ってるよ」

そこで私は問いかけます。

「でも、地獄って広いでしょう。どこで待っていてくださいますか？」

「三途の川を渡ったら案内人がいるんじゃないかな。焼き鳥のうまい赤ちょうちんはどこ？　って聞けば教えてくれるよ。そこでムチャクチャ飲んで待っているよ。アッハハッ」

「坊さんが酔っぱらっては、閻魔さんの８Ｋテレビでバレちゃって、鬼たちに捕まりますよ！」

無着老師が満面の笑みでおっしゃいます。

「篠原さん、これないしょだけど、私より先に松原泰道《たいどう》先生が行っておられるから大丈夫なんだよ。もうひとり、永六輔《えいろくすけ》さんも待っているからね。じゃあ、篠原さん、待ってるよ、アッハッハ。あなたに会えてよかった。じゃあね」

無着老師は、そういい残してふたたび鐘楼にのぼっていかれました。

第三五話　永六輔さんに教えられたこと

「人間の死は、二度あるんだよ」

前項で、無着老師のお話をしましたが、かつて、無着老師と故・永六輔さんは、ラジオで大ヒットした「全国子ども電話相談室」のレギュラー回答者でしたから、永さんがたびたび福泉寺においでになるのはごく自然なことでした。

その折に成田空港駅まで送迎するのは、私の役目と決まっていました。そのおかげで、永さんの車中漫談、いや車中説法をひとり占めにできるという、とてつもなくありがたい〝勝縁《しょうえん》＝すぐれたよい条件〟をいただきました。話をお聞きしたいがために、永さんに伝えることなく、送り迎えのときにわざわざ遠回りしたこともたびたびでした。

永さんのお話を思い出します。

「篠原君、君も坊さんだからわかっていると思うけど、人間の死は二度あるの！　最初の死は肉体が死を迎えたとき、つまり医者に死亡診断書を書かれたときね。これが一度目の死。

二度目の死はね。縁者、つまり家族、友人、仕事仲間など、誰からも忘れられてしまったとき。死者を覚えている人が誰もいなくなったときに、ほんとうに死んでしまうの。

逆をいえば、死んだ人を覚えている人がいる限り、その人の心の中で生き続けているわけね。坂本九ちゃんも、渥美清さんも、死んでいないのよ。忘れられていないから……。

それは坂本九ちゃんや渥美清さんみたいな有名人に限らない。どんな人でも、覚えている人がいる限り、心の中で生き続けている。そんな忘れられない人のことを話題にして食事をすることは〝お話し供養〟になると思うのね。お通夜のとき、お説教でこのことを話してよ。私の受け売りでいいから。アッハッハ」

話を聞いていた私が、思わずハンドルから手を離して合掌しそうになると、永さんが声をあげました。

「篠原君、危ないじゃないの！　ボクを殺す気？　まだ生きていたいんだよ！」

問いかけるチャンスとばかりに私は聞きました。

「永さん、二度目の死を迎えたら次は地獄に行くんですよね。無着老師が約束してあるっていってましたよ！」

「うーん、聞いている。でもボクの生まれた寺は南無阿弥陀佛《なむあみだぶつ》なの。六輔はこの六字の名号のこと。父がつけたんです。ボクはこの世で極楽にいるんだけど……。まあ、一度極楽に行って地獄に行くことにするか。だけどボク、お酒飲めないよ。アッハッハ」

先に旅立っていかれた永六輔さん。

でも、いつかきっとお会いできる……。

福泉寺からの帰路、福泉寺の梵鐘が鳴っていました。文字どおり〝梵＝聖なる極楽の音色〟です。打つのは地獄を目指す説法者にちがいありません。

第三六話　崖っぷちにいる人へ

明るい道も、暗い道も、ともに歩もう

兵庫県豊岡市の寺院に生まれた私は、三歳のときに父を亡くし、母とともに他のお寺で生活することになりました。

一三歳のときには母も亡くしました。

父の葬儀の記憶はまったくありません。

でも一三歳のときの母の葬儀、とりわけ火葬場での体験は、いまでもはっきり覚えています。

山陰地方の小さな町。

火葬場は町外れの田んぼの中にひっそりと建っていました。

拾骨《しゅうこつ》が終わり、縁者が帰り支度をしている間のこと。火葬場の職員が近寄ってきて、私の手を取り、こういってくれました。

「元気出しんせえよ。ワシは、ようけ（たくさん）人の死を見てきたんですがなぁ、みんな仏さんのような顔になって逝かれます。どんな苦労があっても最期は仏さんですわなぁ。お母さんも仏さんになりんさった。あなたを守っておられますで、負けたらあきませんよ。

私もなぁ、他人《ひと》から〝あいつは火葬の処理人だあで〟といって冷とうされとる。だけどなぁ、どんな人も仏さんになってもらうために大切な仕事やっておるんだと胸張って生きとるでな。元気出しんせーよ」

彼のやさしい語りかけに、私は大声で泣き出しました。そんな私を、彼は大きな体で強く抱きしめてくれました。

そんな私は、いくつもの〝人間の温かさ〟をいただき、縁あって僧侶となり、人生の大半を過ごしてきました。

人はひとりで生きているのではありません。

私も、あなたも。

みな誰かとともに生きています。

そして、生まれたからには死ぬ運命を背負っています。

でも生まれてから死ぬまでの間をどう生きるかが大切だと思います。

不幸に生きようとすればいくらでも不幸に生きられます。

でも、幸せに生きることだってできます。

それは、ひとえに、自分と自分以外の人とのかかわりをどうつくっていくかにかかっています。

「同事《どうじ》行《ぎょう》」という言葉があります。

道元禅師の『正法眼蔵《しょうぼうげんぞう》』の中にはこう書かれています。

同事というは、不違《ふい》なり。自にも不違なり、他にも不違なり

「同時」ではありません。

「同事」です。

「時を同じくする」のではなく、「事を同じくする」ということです。

「事を同じくする」とは、他人と自分の間に垣根をつくらないということ。すなわち、悩める人とともに、明るい道も暗い道も歩んでいく。ともに悩み、ともに解決の道筋をつけていくことの大切さを教える言葉です。

私は、この言葉に僧としての生きる道を見出したからこそ、自死を願う人たちと向き合い、少しでも心の重みを解き放ってあげたいと念じながら、日々を過ごしているのです。

崖っぷちにいる人たちへ――。

どうぞ、ひとりで悩まないでください。勇気を出して、思いきって心の悩みを打ち明けてください。

そうすれば、きっと手を差し伸べてくれる人が現れ、苦悩を乗り越えるために力を貸してくれます。

あなたは決してひとりじゃないのです。

参考文献

『みんなに読んでほしい本当の話（第1集・第2集）』篠原鋭一／興山舎
『この世でもっとも大切な話』篠原鋭一／興山舎
『もしもし、生きてていいですか？』篠原鋭一／ワニブックス

本書は、本文庫のために書き下ろされたものです。

篠原鋭一（しのはら・えいいち）
曹洞宗長寿院住職。曹洞宗総合研究センター講師。1944年、兵庫県生まれ。駒澤大学仏教学部を卒業後、仏教系の財団法人に勤める。その後、千葉県成田市の曹洞宗長寿院の住職となる。寺院を開放し、24時間いつでも自殺志願者からの電話相談を受ける活動がテレビや新聞で報道され、大きな注目を集めている。生きることをテーマとした全国での講演も多数。NPO法人「自殺防止ネットワーク風」代表も務める。
著書に、『みんなに読んでほしい本当の話』『この世でもっとも大切な話』『いのち輝かす仏教』『どんなときでも、出口はあるよ』など多数。

知的生きかた文庫

崖《がけ》っぷちのあなたを救《すく》ってくれる
お坊《ぼう》さんの話《はなし》

著　者　篠原鋭一《しのはらえいいち》
発行者　押鐘太陽
発行所　株式会社三笠書房
〒一〇二―〇〇七二　東京都千代田区飯田橋三―三―一
電話〇三―五二二六―五七三四〈営業部〉
〇三―五二二六―五七三一〈編集部〉
https://www.mikasashobo.co.jp
印刷　誠宏印刷
製本　若林製本工場

ISBN978-4-8379-8833-5 C0130